"十三五"国家重点出版物出版规划项目

中国经济治略丛书

基于知识溢出效应的
创新型城市功能发挥机制及提升路径研究

Study on the Mechanism of Innovative Cities' Function and
Improvement Path Based on Knowledge Spillover Effects

马 静 著

中国财经出版传媒集团

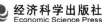

经济科学出版社
Economic Science Press

图书在版编目（CIP）数据

基于知识溢出效应的创新型城市功能发挥机制及提升
路径研究/马静著 . —北京：经济科学出版社，2020.7
（中国经济治略丛书）
ISBN 978 - 7 - 5218 - 1656 - 3

Ⅰ. ①基… Ⅱ. ①马… Ⅲ. ①城市建设 – 研究 – 中国
Ⅳ. ①F299. 21

中国版本图书馆 CIP 数据核字（2020）第 109695 号

策划编辑：王　娟
责任编辑：张立莉
责任校对：王苗苗
责任印制：邱　天

基于知识溢出效应的创新型城市功能发挥机制及提升路径研究
马　静　著
经济科学出版社出版、发行　新华书店经销
社址：北京市海淀区阜成路甲 28 号　邮编：100142
总编部电话：010 - 88191217　发行部电话：010 - 88191522
网址：www. esp. com. cn
电子邮箱：esp@ esp. com. cn
天猫网店：经济科学出版社旗舰店
网址：http://jjkxcbs. tmall. com
北京季蜂印刷有限公司印装
710 × 1000　16 开　10 印张　220000 字
2020 年 10 月第 1 版　2020 年 10 月第 1 次印刷
ISBN 978 - 7 - 5218 - 1656 - 3　定价：59. 00 元
（图书出现印装问题，本社负责调换。电话：010 - 88191510）
（版权所有　侵权必究　打击盗版　举报热线：010 - 88191661
QQ：2242791300　营销中心电话：010 - 88191537
电子邮箱：dbts@ esp. com. cn）

本书受以下项目资助：

宁夏高等学校一流学科建设（理论经济学学科）资助项目（项目编号 NXYLXK2017B04）

开放战略与区域经济自治区级人文社科重点研究基地建设项目

宁夏回族自治区西部一流建设学科理论经济学文库
编　委　会

序 一

　　2017 年 5 月，经宁夏回族自治区教育厅、财政厅批准，理论经济学获批宁夏回族自治区一流学科建设项目，成为自治区立项建设的 18 个一流学科之一。理论经济学一流学科设计了 4 个学科发展方向：开放经济理论与政策、财政金融理论与政策、人口资源环境与可持续发展、消费者行为理论与政策。学科发展方向适应当前及未来国家与地方经济建设和社会发展需求，在人才培养、科学研究和社会服务等方面形成鲜明特色。

　　理论经济学一流学科建设的目标是：根据中国特色社会主义经济建设的现实需求，坚持马克思主义为指导，借鉴现代经济学发展的成果服务于中国实践。通过五年建设，一是基本达到理论经济学一级学科博士学位授权点申请基本条件；二是在第五轮学科评估中，理论经济学教育部学科排名显著上升。为实现该建设目标，主要采取以下措施：第一，创造良好的工作环境和学术环境，积极引进人才，培育研究团队成长，积极申报人才和创新团队项目；第二，紧密围绕学科发展方向，瞄准对学科发展具有前瞻性、长远战略性的重大理论及现实问题开展研究；第三，建立跨学科、跨部门的开放型科研组织形式，营造既能有效促进协同攻关，又能充分发挥个人积极性的科研氛围，形成团队合作与自由探索相结合的管理机制；第四，开展国际国内合作研究和学术交流活动，形成有影响的学术高地。

　　理论经济学一流学科自获批以来，凝聚了一支结构合理、素质良好、勤奋敬业的研究团队，凝练了精准的研究方向，正在开展较为系统、深入的研究，拟形成一批高质量系列研究成果。经理论经济学一流学科编委会的精心组织、认真甄别与仔细遴选，确定了《中国区域经济增长效率集聚与地区差距研究》《村级互助资金与扶贫贴息贷款的减贫机制与效应比较研究》《资产扶贫理论与实践》等 12 本著作，作为理论经济学一流建设学科首批系列学术专著。

系列丛书的出版，凝结了宁夏大学经济学人的心血和汗水。尽管存在诸多不足，但"良好的开端就是成功的一半"，相信只要学者们持之以恒，不断耕耘，必能结出更加丰硕的成果。

系列丛书的出版，仰赖经济科学出版社的鼎力支持，承蒙经济科学出版社王娟女士的精心策划。现系列学术著作将陆续面世，衷心感谢他们的真诚关心和辛勤付出！

系列丛书的出版，希望求教于专家、同行，以使学科团队的研究更加规范。真诚欢迎专家、同行和广大读者批评指正。我们将努力提升理论和政策研究水平，引领社会和服务人民。

杨国涛

2017 年 12 月于宁夏大学

序 二

自20世纪90年代以来，国际上很多城市通过创新发展来解决在城市化进程中不断出现的城市问题，从而使城市得到复兴与繁荣。创新型城市应运而生并在全球化发展背景下迅速发展为世界城市，且在全球城市体系中占有重要的位置。现阶段，中国已经迈入创新型国家建设战略的攻坚期，创新型城市建设是实现区域协同创新发展与创新型国家建设战略目标的要津与突破口。

在博士学位论文的基础上，马静博士著成《基于知识溢出效应的创新型城市功能发挥机制及提升路径研究》一书。该书在知识经济时代、全球化与国家创新战略背景以知识溢出效应为切入点解释创新型城市的形成与其功能作用的发挥机制。建立基于知识溢出效应的创新型城市功能发挥的理论机理模型，揭示创新型城市的发展规律与其核心功能发挥的关系机制。证明了在知识经济与全球化时代背景下，对创新型城市认识不能仅局限于基于大规模评价指标的综合得分上，还需要通过观察创新型城市核心功能的发挥效应来认识和判断创新型城市的发展阶段与现状。

《基于知识溢出效应的创新型城市功能发挥机制及提升路径研究》一书具有较高的理论深度和学术价值，具体表现在以下方面：第一，以创新型城市的外部性功能发挥为关注点，构建创新型城市的外部性功能发挥机理模型，以能进一步明确创新型城市对区域与国家协同创新发展的地位作用，完善创新型城市理论体系，丰富完善创新型城市相关研究。第二，根据创新型城市的功能发挥机理与城市协同创新关系机制，制定相应政策措施以提高创新型城市建设效率，加快实现创新型都市圈的形成，提高城市群协同创新能力，推进我国创新型国家建设战略目标的迈进。第三，以区域经济学知识溢出理论及知识溢出空间效应的现象为切入点，揭示创新型城市内部功能系统的发展规律与外部性功能效应的相互作用关系机制，为制定相应政策措施以实现区域与国家协同创新提供理论依据。第四，测度中国创新型城市的外部性功能效应不仅可以量化与具体创新型城市外部性功能的这一抽象概念，有效揭示中国创新型城市的发展阶段，为进一步发挥中国创新型城市外部性功能提供科学依据。第五，对创新型城市外部性功能的具体化可避免因没有根据城市资源禀赋与发展规律盲目建设创新型城市而造成的政策错位、战略失效、创新资源的浪费等创新型城市建设实践中所产生的负面影响，并提供符合城市发展规律的创新型城市差异化建设路径与决策，对提高中国创新型城市建设效率，优化城市创新体系，实现创新型国家建设目标具有重要的借鉴意义。

作为马静博士的导师，我期待《基于知识溢出效应的创新型城市功能发挥机制及提升路径研究》一书可以引起该研究领域中同行与专家的关注、讨论和指正。希望马静博士在这个研究领域继续深入，期待更进一步、更深入的科学研究成果。

邓宏兵

2019 年 9 月于中国地质大学（武汉）

前　言

　　加快建设创新型国家是党的十九大报告中提出的明确部署与重要要求，创新型城市的建设不仅是为了解决城市问题，促进个体城市的可持续发展，而且在区域中发挥协同创新功能效应，是推进建设创新型国家的途径与引擎。但目前，我国对创新型城市的研究尚处于初级阶段，对创新型城市的核心功能还未厘清，从而造成创新型城市的概念模糊、繁多，以至于对其概念解读不一。以创新型城市核心功能的发挥机制、演变特征以及功能效应为主要关注点，以知识溢出效应为切入点，在知识经济时代、全球化与国家创新战略背景下，提出中国创新型城市建设的提升路径，从而推进创新型国家战略目标的迈进。

　　本书通过以实证识别出发挥外部功能效应的创新型城市为研究对象探析创新型城市的功能发挥机制及其提升路径。从区域经济学知识溢出效应为切入点，重新认识与界定创新型城市内涵与核心功能，构建创新型城市理论体系与功能发挥机理模型，来揭示创新型城市发展规律以及功能效应发挥机制。不以大规模指标计算综合得分去认识、判断中国创新型城市发展现状，而是更多关注创新型城市核心功能的发挥以及其产生的外部性对区域、国家协同创新的影响，观察其发展现状与规律，避免因没有根据城市资源禀赋与发展规律盲目建设创新型城市而造成的政策错位、战略失效、创新资源的浪费等创新型城市建设实践中所产生的负面影响，同时结合知识溢出效应提出未来创新型城市建设的提升路径、提高创新型城市建设效率，推进创新型国家战略目标的迈进。本书的研究思路以基于通过现象看本质的辩证思维，解释现象与本质的关系机制，从而把握研究对象的发展规律，即现象的发现与分析—理论机制的探讨—实证检验与分析—提升路径研究。具体将研究脉络分为四大模块：（1）创新型城市的内涵解读与相关概念界定。（2）理论体系与功能机理模型的构建。（3）实证检验与结果分析。（4）提升路径与政策建议。

根据研究的主要思路，研究分为四个模块，共七章内容，其具体研究内容如下。

研究内容一：相关概念界定。

深入解读国家科技创新大会、《国家创新驱动发展战略纲要》《"十三五"国家科技创新规划》《建设创新型城市工作指引》等提出创新型城市的概念与内容，界定符合时代背景与国家战略层面的创新型城市概念与内涵。运用定量的手段，选择中国地级及以上城市为研究对象，分析中国城市创新空间格局演化特征，提出问题与假设。

研究内容二：创新型城市核心功能发挥机制研究。

本书认为创新型城市是分层次、渐进式推进创新型国家建设战略的必由之路与突破口，是在知识经济时代与全球化背景下以创新为核心驱动力的一种城市发展模式。创新型城市是知识创新的集聚地，借助知识溢出效应实现经济的持续增长，通过创新辐射带动效应，提高周边区域与国家整体创新水平，具有创新的集聚、扩散与支配功能。

首先，以知识溢出为切入点，补充完善创新型城市理论体系，形成基于知识溢出效应的创新型城市理论体系。

结合创新型城市相关概念与理论体系，构建创新型城市功能发挥机理模型，解释创新型城市内部自主创新能力与外部功能发挥的关系机制，运用新经济地理学的地理溢出理论、新增长要素的空间知识溢出理论、流空间理论揭示城市创新的空间知识溢出效应是形成城市创新空间格局特征的主要影响因素，也是发挥创新型城市创新集聚、扩散与网络节点支配功能的主要机制。解释创新型城市所具有的知识创新集聚、扩散与网络支配功能是知识溢出效应的体现与集合。可通过知识溢出空间效应识别发挥核心功能外部性的创新型城市，揭示创新型城市功能作用与内在发展规律的关系机制。

研究内容三：知识溢出对创新型城市功能发挥机制实证检验。

实证验证知识溢出是形成中国城市创新空间格局特征的重要原因，对创新型城市外部功能的发挥起到重要作用，分为以下四个方面的内容：第一，验证城市创新空间知识溢出的存在，并验证城市创新知识溢出是形成中国城市创新空间格局特征的重要原因。第二，通过中国城市创新空间格局特征识别发挥创新集聚、扩散与网络支配核心功能的创新型城市。第三，以创新型城市所在的城市群为研究区域，对发挥核心功能的创新型城市知识溢出效应进行测度，根据测度结果的规模与方向检验通过城市创新空间格局特征识别出的创新型城市核心功能的正确性以及其对区域协同创新效应。第四，外部功能特征与内部经济增长效应是相互体现与促进的，证实了基于知识溢出效应的创新型城市功能发挥机理模型的正确性，并揭示创新型城市的发展阶段不同其表现出的外部功能特征也不同。

研究内容四：基于知识溢出效应的中国创新型城市提升路径研究。

在理论和实证的基础上进行基于知识溢出效应视角下中国创新型城市提升路径研究，主要包含以下两方面的内容：第一，在创新型城市的创新扩散功能视角下，通过实证分析提出何种（专业化/多样化）产业集聚模式可有效发挥创新型城市知识溢出效应，提高创新型城市建设效率。第二，实证分析具有创新型城市创新网络空间结构特征，明确指出中国创新型城市建设需基于城市资源禀赋与发展阶段进行个性化的路径选择。合理利用网络溢出效应，获取国内外创新资源，是未来中国创新型城市建设提升的主要路径。

第 1 章

导　　论

1.1　研究背景、目的与意义

1.1.1　研究背景

伴随着信息网络技术的飞速发展，继农业与工业经济之后，知识经济时代诞生，成为在知识与信息生产、分配和应用上的新型经济（Jan Fagerberg，2009）。在此背景下有关的创新研究得以复兴，并运用知识与科技创新技术来解决社会发展中遇到的实际问题。在城市发展上，20 世纪 90 年代以来，国际上很多城市通过发展城市创新来解决在城市化进程中不断出现的城市问题，从而使城市得到复兴与繁荣。创新型城市应运而生并在全球化发展背景中迅速崛起，发展为世界城市并在全球城市体系中占有重要的位置。根据全球创新研究机构"2thinknow"最新发布的"2016~2017 年全球城市创新指数"数据分析得出：全球创新型城市数量已从 2011 年的 311 个增加到 2016 年的 500 个。其中，英国伦敦成为全球最具创新力的城市，美国纽约和日本东京分别排在第二位和第三位。

同时，澳大利亚创新研究组织机构"2thinknow"根据其所评价的全球创新指数对全球创新型城市进行等级分类，属于创新支配型城市（Innovation Nexus）等级的全球创新型城市包括伦敦、旧金山、维也纳、波士顿、首尔、纽约、阿姆斯特丹、新加坡、巴黎、东京以及中国的北京、上海与香港等，共 53 个城市；中国的深圳与广州位于创新中心城市（Innovation Hubs) 等级范围中，分别在全球城市创新指数中排名第 69 位、第 97 位；南京、天津、苏州、成都、东莞等 34 个中国创新城市位于创新节点城市（Innovation Node）等级范围中；汕头位于创新新兴城市（Innovation Upstart）等级范围中。表 1 - 1 显示了中国创新城市在全球创新城市指数中的排名与等级类型。可以看出，我国的创新型城市发展因素，在全球创新型城市体系中已具有一定的竞争力与影响力，但是中国城市创新发展呈现非均衡特征。2016 年有 38 个中国创新城市纳入全球创新城市排名中，但其中只有 7.5% 与 5% 的创新城市位于创新能力水平较高的创新支配型与创新中心型等级，多数城市位于全球创新城市等级类型中的创新节点城市，并且在全球城市创新指数排名中位于创新支配型的中国创新城市与位于创新节点型的中国创新城市的创新指数排名相差 200 个位次，说明中国城市创新发展存在较大区域差异性。

表 1 - 1   中国创新城市在全球创新城市指数中的排名与等级类型

城市	排名	等级类型
北京	30	创新支配型（Innovation Nexus）
上海	32	创新支配型（Innovation Nexus）
香港	35	创新支配型（Innovation Nexus）
深圳	69	创新中心型（Innovation Hubs）
广州	97	创新中心型（Innovation Hubs）
南京	223	创新节点型（Innovation Node）
天津	249	创新节点型（Innovation Node）
苏州	262	创新节点型（Innovation Node）
成都	263	创新节点型（Innovation Node）
东莞	269	创新节点型（Innovation Node）
大连	299	创新节点型（Innovation Node）
杭州	303	创新节点型（Innovation Node）
厦门	304	创新节点型（Innovation Node）
武汉	310	创新节点型（Innovation Node）
宁波	322	创新节点型（Innovation Node）
西安	332	创新节点型（Innovation Node）

城市	排名	等级类型
青岛	347	创新节点型（Innovation Node）
无锡	351	创新节点型（Innovation Node）
澳门	359	创新节点型（Innovation Node）
哈尔滨	361	创新节点型（Innovation Node）
长春	364	创新节点型（Innovation Node）
沈阳	370	创新节点型（Innovation Node）
珠海	372	创新节点型（Innovation Node）
郑州	384	创新节点型（Innovation Node）
泉州	387	创新节点型（Innovation Node）
福州	389	创新节点型（Innovation Node）
南宁	396	创新节点型（Innovation Node）
佛山	399	创新节点型（Innovation Node）
温州	410	创新节点型（Innovation Node）
昆明	414	创新节点型（Innovation Node）
烟台	416	创新节点型（Innovation Node）
济南	417	创新节点型（Innovation Node）
扬州	418	创新节点型（Innovation Node）
太原	420	创新节点型（Innovation Node）
南通	422	创新节点型（Innovation Node）
南昌	425	创新节点型（Innovation Node）
中山	433	创新节点型（Innovation Node）
汕头	445	创新新兴型（Inovation Upstart）

资料来源："2thinknow" 2016 年全球创新城市指数：http：//www. innovation-cities. com。

自我国提出建成创新型国家战略目标后，合肥市于 2004 年成为我国第一个科技创新型试点，创新型城市建设工作在我国全面启动。2008 年 6 月，国家发展改革委员会将深圳列为首个国家创新型城市建设试点。2010 年 1 月，推出广州、西安、成都、南京、杭州等 16 个城市开展创建国家创新型城市试点工作，这些试点城市大部分为我国的区域中心城市，具有较高的经济发展水平、便利的交通区位优势等特征。2016 年 12 月，国家发展改革委员会与科技部联合下发了《建设创新型城市工作指引》，61 个城市（区）纳入 2016 年中国创新型城市试点建设名单中，创新型城市建设已蔚然成风，成为我国城市未来发展的趋势与方向见表 1 - 2。

表 1 - 2　　　　　2016 年中国创新型城市试点建设名单

序号	省（区、市）	城市（区）
1	北京	海淀区
2	天津	滨海新区
3	河北	石家庄、唐山、秦皇岛
4	山西	太原
5	内蒙古	呼和浩特、包头
6	辽宁	沈阳、大连
7	吉林	长春
8	黑龙江	哈尔滨
9	上海	杨浦区
10	江苏	南京、常州、连云港、镇江、南通、泰州、扬州、盐城、无锡、苏州
11	浙江	宁波、嘉兴、杭州、湖州
12	安徽	合肥
13	福建	福州、厦门
14	江西	南昌、景德镇、萍乡
15	山东	济南、青岛、济宁、烟台
16	河南	郑州、洛阳、南阳
17	湖北	武汉、襄阳、宜昌
18	湖南	长沙
19	广东	广州、深圳
20	广西	南宁
21	海南	海口
22	重庆	沙坪坝

续表

序号	省（区、市）	城市（区）
23	四川	成都
24	贵州	贵阳、遵义
25	云南	昆明
26	陕西	西安、宝鸡
27	甘肃	兰州
28	宁夏	银川
29	青海	西宁
30	新疆	乌鲁木齐、昌吉、石河子

资料来源：科技部、国家发展改革委员会《建设创新型城市工作指引》。

　　虽然近年来我国创新型城市试点建设工作取得了一定的显著成果，但是根据单项指标对中国创新型城市的评价，即"1353637"的标准①，只有北京、深圳、上海和广州 4 个城市达到创新型城市建设标准，而且这 4 个城市仍存在某些单项指标未达到标准。中国创新型城市发展与发达国家的创新型城市发展之间还存在较大差距，城市创新能力普遍较低，城市创新发展差异较大，每个城市的创新战略定位与目标不明确。创新型城市研究浮于表面，理论体系滞后于实践建设。对创新型城市的内涵解读主要侧重于创新型城市的创新职能的评估，其评价指标体系也偏重于千篇一律规模性的指标，忽视了创新型城市的建设条件与基础，也忽视了在建设创新型省份与创新型国家战略层面上创新型城市的功能作用，掩盖了创新型城市在区域、国家及全球的影响力，难以有效实现创新型城市的建设目标与国家整体战略意图。创新型城市的建设不仅仅是为了解决城市问题，促进个体城市的可持续发展，而且在区域中发挥协同创新功能效应，是推进建设创新型国家的途径与引擎。在全球化、知识经济时代以及建设创新型国家战略背景下，创新型城市研究还存在以下问题值得探析与解决。

---

　　① （1）人均 GDP 大于 10000 美元；（2）全社会 R&D 投入占 GDP 的比重超过 5%；（3）企业 R&D 投入占销售总收入的比重超过 5%；（4）公共教育经费占 GDP 比重大于 5%；（5）新产品销售收入占产品销售收入的比重超过 60%；（6）科技进步对经济增长的贡献率超过 60%；（7）高新技术的产业增加值占工业增加值的比重大于 60%；（8）对内技术依存度大于 70%；（9）发明专利申请量占全部专利申请量的比重大于 70%；（10）企业专利申请量占全社会申请量的比重大于 70%。凡是满足以上十大标准的城市可以认定已达到创新型城市的建设标准，判定该城市已经进入创新型城市的建设行列。

问题1：目前创新型城市理论研究对创新型城市的主要功能与建设目的尚未厘清，以至于国内外对创新型城市的内涵与概念繁多且解读不一。存在什么样的创新型城市理论体系能够解释创新型城市对区域、国家协同创新的功能作用？

问题2：以往创新型城市评价体系多以规模等级为核心设立评价指标，面面俱到及雷同的指标体系更多地关注城市自身的创新，而掩盖了创新型城市的功能效应，忽视了国家创新驱动战略层面的区域创新均衡需求。在全球化以及建设创新型国家战略背景下，仅以大体量化的综合指标得分不能全面理解创新型城市以及其发展阶段。而现阶段，知识创新能力较强、发挥协同创新效应的中国创新型城市有哪些？其各自的发展阶段与特点又是什么？

1.1.2 研究目的

在知识经济时代以及全球化背景下，创新驱动战略已经从各国家、城市摆脱危机与问题的可能政策选择之一升级为在新一轮世界经济格局重塑中脱颖而出的战略选择。创新型城市的建设也不再以解决城市自身问题为主要目标，在空间视域的角度已演变为从点到面、从创新主体单打独斗到多元协同创新的纵横交错的复杂网络系统，即在实践上体现在从创新型城市到创新型都市圈、创新型城市群与创新型国家的建设。中国已经迈入创新型国家建设的攻坚阶段，创新型城市作为建设创新型国家的要津与突破口，对区域协同创新发展起到重要作用。

研究目的主要是从区域经济学知识溢出效应为切入点，重新认识与界定创新型城市内涵与核心功能，构建创新型城市理论体系与识别模型，揭示创新型城市发展规律以及功能效应发挥机制；不以大规模指标体系来综合评价与认识中国创新型城市发展现状，更多地关注从创新型城市核心功能发挥过程中产生的知识溢出效应的角度对中国创新型城市进行识别，观察其发展现状与规律，避免因没有根据城市资源禀赋与发展规律盲目建设创新型城市而造成的政策错位、战略失效、创新资源的浪费等创新型城市建设实践中所产生的负面影响。

1.1.3 研究意义

受全球化与信息化的影响，国家、区域与城市都经历从制造经济到信息经济，再从信息经济到文化经济的转型与飞跃的过程，城市的主导功能也逐渐从管理、服务向科技创新转变。知识创新等要素迅速集中在资源要素密集的中心城市，并直接参与到科技国际竞争中，在国家创新体系的地位日益重要，并由此衍生创新型城市等城市创新研究命题。相比全球发达国家，我国创新型城市研究还处于初级阶段，其理论体系尚未成熟与完善。理论研究还未对创新型城市核心功能进行清晰的界定与阐释，从而导致创新型城市概念模糊不清且解读不一。致使实践建设中，因盲目投入与建设创新型城市而造成创新资源的浪费与创新成本的提高。

研究融合创新系统理论，拟从区域经济学中的新经济增长要素的空间知识溢出理论、新经济地理学的地理溢出理论与世界城市的流空间理论，以知识溢出效应为切入点，重点界定并解释创新型城市对区域、国家创新的功能效应及其发挥机制。通过中国城市创新发展的经验数据，识别以功能为导向、对区域与国家创新发挥功能效应的中国创新型城市，把握中国创新型城市的发展现状与规律，提出未来中国创新型城市建设的提升路径。具有以下研究意义。

1.1.3.1 理论意义

创新型城市研究还处于初级阶段，存在许多基本概念与核心功能还未厘清。因此研究基于知识溢出效应的视角来探讨创新型城市的核心功能与对区域、国家创新发展的影响，完善创新型城市理论体系，构建创新型城市理论识别模型，解释创新型城市内部系统的发展规律与外部功能效应相互影响的关系机制，从区域经济学知识溢出理论视角对创新型城市以及创新型城市建设目标给予充分的认识与理解。

1.1.3.2 实际意义

建设创新型城市是创新型国家建设的重要支撑，以"点"为突破口建设创新型国家更需要创新型城市的功能效应的发挥。以知识溢出效应为切入点研究创新型城市知识创新扩散、协同创新功能，不仅旨在强化创新型城市的自主创新能力，更关注通过知识溢出效应惠及周边城市以及区域创新的协同发展。同时，创新型城市建设目标与核心功能的模糊，不仅导致对创新型城市内涵理解的空泛与抽象，也在实践上容易引起若干城市为追随政策潮流盲目建设创新型城市。因此从知识溢出效应角度厘清创新型城市内涵与核心功能，识别发挥核心功能的中国创新型城市，对提高创新型城市建设效率、优化城市创新体系等相关实践建设方面具有参考价值。

1.2 研究思路、内容与方法

1.2.1 研究思路

本书的研究思路以基于通过现象看本质的辩证思维，解释现象与本质的关系机制，从而把握研究对象的发展规律。具体将研究脉络分为四大模块：模块（1）：在知识经济时代、全球化与国家创新战略背景下，对创新型城市的内涵与核心功能进行认识与界定。模块（2）：理论分析。完善创新型城市理论体系，以知识溢出效应为切入点补充完善创新型城市理论体系、构建知识溢出效应视角下创新型城市功能机理模型，解释创新型城市功能发挥机制，以及创新型城市的内部系统与外部功能特征关系机制。模块（3）：实证分析。分析中国城市创新格局特征，检验中国城市创新的知识溢出效应的存在，从创新型城市的知识溢出空间效应特征识别具有功能外部性的中国创新型城市，并对识别结果进行验证。模块（4）：提升路径。从知识溢出效应的视角提出中国创新型城市建设效率的提升路径与政策建议。技术路线见图 1-1。

1.2.2 研究内容

根据研究的主要思路，研究分为四个模块，共 7 章内容，其具体研究内容如下。

第 1 章　导论。介绍创新型城市发展背景，以及基于知识溢出效应的视角对创新型城市进行识别研究的目的与意义。对国内外关于创新型城市相关研究成果进行梳理，分析对现阶段创新型城市研究中存在的薄弱环节与问题，明确未来创新型城市的研究趋势。在此基础上提出本书可能存在的创新点。

第 2 章　创新型城市知识溢出效应的空间特征。本章为研究的第一模块，主要对创新型城市内涵与核心特征进行界定，明确创新型城市在发挥其功能作用时产生的知识溢出的空间效应特征。以知识溢出效应为切入点

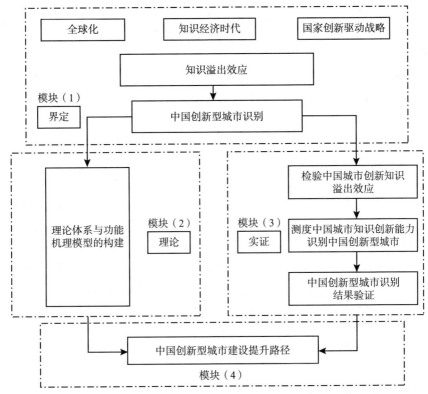

图1-1 技术路线

解释创新型城市在城市创新空间格局特征形成的原因机制，探析创新型城市知识溢出效应的作用机理。

　　第3章　创新型城市理论体系与识别的模型构建。本章为研究的第二模块，即理论体系与功能机理模型的构建。主要通过构建创新型城市的理论体系对创新型城市的内涵以及功能效应特征进行诠释，为提出知识溢出效应是创新型城市形成以及其功能效应发挥原因机制提供理论依据。构建基于知识溢出效应视角的创新型城市识别理论模型，解释创新型城市所具有的知识创新集聚、扩散与网络支配功能是知识溢出效应的体现与集合。可通过知识溢出空间效应识别发挥核心功能外部性的创新型城市，揭示创新型城市功能作用与内在发展规律的关系机制。

　　第4章　中国城市创新的知识溢出效应检验。本章为研究的第三模块，即实证识别与检验部分。主要通过分析中国城市创新的空间格局特征初步判断中国城市创新存在知识空间溢出效应，并且验证知识空间溢出效应是形成中国城市创新空间格局特征的主要原因。

第5章　中国创新型城市识别与功能发挥机制的实证分析。本章也为研究的第三模块，即实证识别部分。主要在对中国城市知识创新能力进行综合测度的基础上，通过中国城市知识创新能力空间格局特征，识别具有显著知识空间溢出效应特征的中国创新型城市。检验通过知识空间溢出效应识别出的创新型城市具有创新集聚、扩散与网络节点支配功能。并验证了创新城市的外部功能特征与内部经济增长效应是相互体现与促进的，实证验证了基于知识溢出效应的创新型城市识别理论模型假设的正确性，也揭示了创新型城市的发展阶段不同其表现出的外部功能特征也不同。

第6章　中国创新型城市建设提升路径。为研究具体思路的第四模块，从创新型城市的创新扩散功能视角下提出何种产业集聚模式可有效发挥创新型城市知识溢出效应，从而提高创新型城市建设效率。通过创新型城市创新网络空间结构特征，明确指出中国创新型城市建设要基于城市资源禀赋与发展阶段进行个性化的路径选择。合理利用网络溢出效应，获取国内外创新资源，是未来中国创新型城市建设提升的主要路径。

第7章　主要结论与讨论。归纳研究实证分析结果中所得出的主要结论，并对后续研究进行展望。

1.2.3　研究方法

按照研究的主要内容，在搜集、阅读、总结前人相关研究成果的基础上，运用多学科综合研究、理论分析与实证分析相结合等具体研究方法，对研究内容进行具体分析。

1.2.3.1　文献分析与归纳

通过搜索各类文献数据库、科研机构报告与政府相关文件，归纳总结各研究学者对创新型城市的内涵与定义，结合政府相关文件报告与工作指引，明确创新型城市建设目标，从知识溢出效应的角度界定在知识经济时代、全球化与国家创新驱动战略背景下创新型城市的内涵与核心功能。

1.2.3.2　多学科综合研究视角

研究以经济学知识溢出效应为切入点对创新型城市进行定义与识别，融合了创新理论、新经济地理学理论、新经济增长理论与世界城市理论来诠释时代背景下的创新型城市建设目标以及其核心功能的发挥机制。

1.2.3.3 空间计量经济学研究方法

研究采用空间计量经济学中探索性空间分析方法（ESDA）、空间回归分析方法（CSDA）分析研究第 4 章实证内容。探析中国城市创新产出空间格局特征，建立空间杜宾模型评估城市创新相互作用的程度以及知识空间溢出对创新产出及空间格局形成的影响机制，验证知识空间溢出效应的存在。

1.2.3.4 综合评价法

结合综合评价法与空间计量经济学方法分析研究第 5 章实证内容，识别发挥核心功能效应的中国创新型城市。采用综合评价法建立中国城市知识创新能力指标体系，运用动态因子分析法测度研究时段中国城市知识创新能力的动态与静态综合得分。通过探索性空间分析方法计算局域空间 Moran's I_i，识别在城市知识创新空间格局中表现为极化、扩散与创新网络节点空间特征的城市，初步判定为中国创新型城市。

1.2.3.5 经济学计量统计方法

采用经济学计量方法中的回归分析方法分析研究第 6 章实证内容，验证通过知识空间溢出效应识别出的创新型城市具有创新要素的集聚、扩散与支配外部功能。采用 Panel EGLS 的回归方法，通过 Cross – section weights 将异方差消除，验证创新型城市在不同发展阶段的功能效应。同时采用面板数据回归模型对识别出的创新型城市进行验证，检验创新型城市外部功能特征，即知识创新的集聚、扩散与支配功能对城市经济增长的作用，验证理论识别模型的正确性。

1.2.3.6 社会网络分析方法

运用社会网络分析方法分析研究的第 7 章实证内容，采用其中的中心性、中介性与复杂网络等指标分析中国创新型城市的知识创新网络与科技创新网络结构特征，识别不同类型中国创新型城市的地位与作用，因地制宜提出差异化的中国创新型城市建设提升路径。

1.3　研究进展与可能创新点

　　国内外对创新型城市的研究大多围绕创新型城市的内涵与功能界定、创新能力的综合评价等方面。随着对创新型城市研究的深入，越来越多的学者开始从城市功能的角度观察创新型城市的发展规律，从知识溢出效应的角度为切入点研究城市创新发展过程中发生的现象与问题，以完善创新型城市的研究内容。

1.3.1　研究进展

1.3.1.1　创新型城市的内涵与功能界定

　　伴随不断加深的全球化和信息化的大趋势，以知识、科学技术和创新服务为特征的城市网络和创新系统已成为知识经济发展的重要保障，是实现创新型国家的战略目标。"creative city"和"innovative city"是国际上创新型城市的主要两种表达方式。Creative city 强调通过创造性的文化理念来带动城市复兴。代表人物有安德森（Anderson，1985）、佛罗里达（Florida，2002）、斯科特（Scott，2006）、皮特·霍尔（Peter·Hall，1999）等。creative city 强调创造性的文化理念来带动城市复兴，人力资本、创新阶层、开放的组织文化与包容度以及多样的文化产业、完善的基础设施、社会多元等是创新型城市的形成要素与动力机制。一般传统发达国家如英国等在创新型城市建设上更加强调"creative cities"，而赶超型国家则着重强调技术、知识的创新给城市的生产与生活带来变革，如中国、新加坡、韩国等国家。研究者中所提到的创新型城市的概念更接近于强调技术、知识、人才制度等综合要素的变革对城市及国家带来的增长效应，即"innovative cities"。西姆·詹姆斯（Sim James，2003）在 Innovative Cities 一书中就指出，存在两种核心"城市资产"是创新型城市建设成功的主要原因，一是各个领域拥有知识和技术的高素质劳动者对知识的传播以便于创新者沟通交流；二是有利于知识扩散的基础设施。玛索（Marcea，2008）指出，创新城市就像一个充斥着创新元素的"大焖锅"，不仅促进了周边区域的繁荣也促进了整个国家的繁荣。我国学者樊杰（2002）认为，创新型城市是城市创新资源集聚到一定程度、创新能力持续发展到一定高度，以创新驱动为城市发展模式的一种类型城市。邹德慈（2005）认为，先进的基础设施是创新型城市的重要支撑，产业创新与制度创新是保持城市活力、成为创新型城市的重要保证与条件。胡树华等（2006）参照相关领域专业学者著述，借鉴世界创新型城市建设成功经验，认为创新型城市建设需要一种科学思想方法论和社会实践方法论，通过提高产业、城市管理、科技和服务创新力等创新要素，协同周边地区与城市创新发展，在城市创新体系中具有极高的创新水平与极强的综合竞争力。杨冬梅、赵黎明等（2006）构建了创新型城市的概念模型 D = f(I，G，S)，认为城市创新水平（D）由城市持续创新水平（I）、城市经济增长质量水平（G）与城市可持续发展水平（S）三个核心内涵组成。是知识经济和城市经济融合的一种演变形态。胡钰（2007）在分析创新型城市的核心内涵中强调创新型城市具有较强的自主创新能力、完善的创新制度、较大的科技投入、较好的科技基础条件、较强的科技创新支撑能力和引领城市经济社会发展的能力。马晓强（2008）将创新型城市与城市创新进行区分，认为创新型城市是城市发展阶段的一种类型，只要当城市创新资源丰富、创新能力强、创新效益好时才能成为创新型城市。王秋影等（2009）认为，创新型城市中存在强烈的创新氛围，市民们具有强烈的创新意识，城市经济、社会、文化和生态的协调得以促进。是借助科技、知识、人力、文化和体制等创新要素驱动城市经济持续与跳跃式发展的动力。随着对创新型城市研究的深入，多数学者开始从创新型城市的基本功能来定义、归纳创新型城市的内涵。赵青等（2010）将创新型城市理解为是以创新及创新服务为中心任务的城市，这些城市具有完善的城市创新网络体系，能够集聚、配置和优化创新资源，是周边区域、全国乃至全球的创新中心。陈曼青（2016）指出，创新型城市对所在区域具有高端辐射与引领作用，认为所有的城市发展模式都不能孤立于人的发展，而创新型城市的内涵特征是人的思想创新带动了资源利用的创新。创新型城市的基本功能是发挥要素流动的枢纽节点效应，成为资源高效配置及增值的重要节点，增强城市综合服务功能，服务全国、链接全球也同时兼备生活、服务等普通城市功能的新型城市。表1-3为创新城市基本概念一览表。

表 1 - 3 创新型城市基本概念一览表

时间	研究者	名称	基本内涵
1984 年	简·雅各布（Jane Jacobs）	creative cities	聚集了拥有众多富于创造性、技巧和高质量劳动者即拥有专业化的脱离大生产体系的灵活而富于创造性的"自由修正型"中小企业群的城市
1999 年	彼得·霍儿（Peter Hall）	creative cities	处于经济和社会变迁中，不断涌现新事物并融合成一种新的社会形态的具有创新特质的城市
2000 年	查尔斯·兰德瑞（Charles Landry）	creative cities	具有开放思想、多样化、包容、独立个性、可达性强、弹性高，有活力的公共空间、高质量的人居环境、源于全球化倾向的本地化特征的城市
2003 年	格特 - 让霍斯珀斯（Gert - JanHospers）	Innovative cities	创新型城市是孕育知识经济的地方，一个富有竞争力的城市是集聚型、多样性、不稳定性和良好声望的结合体
2003 年	西门·詹姆斯（Simmie James）	Innovative cities	创新型城市拥有知识和技术的高素质劳动者以及有利于知识扩散的基础设施
2003 年	尹继佐	Innovative cities	创新城市是指创新意识成为市民思维不可分割的一部分，城市可以将创新想法付诸实施，并将创新实践和成果不断宣传、传播，维持城市不断进行的创新过程，是城市实现跳跃式发展的途径
2006 年	杨冬梅	Innovative cities	创新型城市是在新经济条件下，以创新作为核心驱动力的一种城市发展模式，是知识经济和城市经济融合的一种城市演变形态
2012 年	方创琳	Innovative cities	以科技进步为动力，以自主创新为主导，以创新文化为基础，依靠科技、知识、人力、文化、体制等创新要素驱动发展城市
2016 年	国家发展改革委员会与科技部	Innovative cities	创新型城市是以科技创新为经济社会发展的核心驱动力，拥有丰富的创新资源、充满活力的创新主体、高效的创新服务和政府治理、良好的创新创业环境，对建设创新型省份和国家发挥显著支撑引领作用的城市

资料来源：作者整理。

就目前对创新型城市概念的研究分析，可以将创新型城市的概念分为广义和狭义两种。狭义的概念侧重于科技创新与知识创新对创新型城市建设的驱动作用；广义的概念不再单单强调科技与知识创新、制度、环境体系、产业等都应随之创新，且人力资本在此起到重要作用。可以从如下三方面理解创新型城市：首先，创新型城市是知识经济和城市经济综合发展演变而来的一种城市发展模式，是随着城市化、现代化与全球化的一种城市演变的综合形态。其次，基于资源禀赋的城市创新能力是创新型城市的核心与基础，但应该强调创新型城市与外界环境的联系，以及与周边城市的联系，检验城市是否具有创新型城市的中心辐射作用。最后，创新型城市并不是为城市发展建立一套新的发展模式，而是在原来的社会基础上，根据城市独有的空间环境和内在环境，制定出具有该城市鲜明特色的创新目标。不仅解决自身存在的城市问题，还能为该城市未来的发展方向选择最为匹配的建设路径与方案。

1.3.1.2　创新型城市识别评价研究

通过以上对创新型城市内涵的解释可知，并不是任何城市都可以成为创新型城市，只有具有比较齐备的要素条件，如发达的交通基础设施、高水平的科技研发能力、较高的政府治理效率和经济发展水平的城市，才会有可能率先发展为创新型城市。为了对创新型城市有一个清晰统一的认识，较多研究开始从创新型城市的功能特征与形成要素进行深入的研究。杜辉（2006）将创新型城市定义为是通过科技创新驱动其发展，以自主创新成为其主要发展途径，以文化创新作为城市发展的基础，以达到城市技术对外依存度低于30%、技术进步对经济增长贡献率在70%以上、社会研发投入在国内生产总值中的比重超过3%、企业 R&D 投入占销售收入的比重超过4%。马海涛（2013）认为，创新型城市具有较强经济实力与人口规模、便捷的交通基础设施、较强的对外经济联系、高度集聚的创新人才、产学研平台相互融通与结合以及包容度较高的创新文化环境等八个基本特征。

基于对创新型城市的概念与功能认识，各个国家、机构、学者开始建立评价指标对创新型城市发展进行综合测度与评价。国际上创新型城市评价的代表性指标有国家创新能力指数（national innovative capacity index）、欧盟创新记录分牌（European innovation score board）、美国 3T 创新指数（the creative index）以及全球创新指数（global innovation index）等。波特

（Poter，2001）和斯特恩（Stern，2001）认为，创新是高级经济竞争中最终的资源，那些主动提高自身创新能力的经济体如芬兰、中国台湾等将获得经济的繁荣，而不关注创新的国家如希腊、挪威等将面临困境。欧盟创新记录分牌由欧洲委员会于 2000 年提出，2001 年欧盟委员会（2001）将其名字改为"创新型联盟记分牌"（innovation union scoredborad，US），该指标体系由投入、公司活动、产出 3 个一级指标，人力资源、研究系统、资金和支持、企业投资、联系及创新、智力资产、创新者、经济效应 8 个二级指标，24 个三级指标组成。美国学者理查德（2002）在 *The Rise of the Creative Class* 这本书中认为对创新阶层（creative class）吸引能力是城市经济发展成功的主要原因。并构建了"3T"指标来评价城市创意发展程度。洛佩斯（A López – Claros，2010）提出创新能力指数（ICI）用来评价国家创新能力，并对 131 个国家和地区进行测度得出结论：瑞典是最富创新能力的国家，瑞士、新加坡、芬兰和美国分别为第 2~5 位，中国名列第 64 位。并且在全球创新能力指数报告还指出，制约中国创新能力的因素是中国相对平庸的人力资本水平和最新技术相对较低的普及率。全球创新指数是由波士顿咨询集团（BGG）、美国全国制造商协会（NAM）和制造商研究所（MI）共同推出，主要用于评价国家创新水平。2016 年中国创新指数排名首次跻身世界创新能力排名前 25 强且较 2014 年上升 4 位。表 1 –4 为各国机构创新型城市评价体系。

表 1 –4　　　　　　　　各国机构创新型城市评价体系

创新型城市评价指数	评价指标
国家创新能力指数	3 个一级指标、7 个二级指标、21 个三级指标
欧盟创新记录分牌	3 个一级指标、8 个二级指标、24 个三级指标
美国 3T 创新指数	技术指数、人才指数、包容性指数
全球创新指数（GII）	7 个一级指标、21 个二级指标和 84 个三级指标
创新能力指数（ICI）	5 个一级指标、12 个二级指标、52 个三级指标
全球创新指数（2thinknow 创新机构）	4 个一级指标、162 个三级指标
建设创新型城市指标体系（国家发改委与科技部）	3 个一级指标、14 个二级指标

资料来源：作者整理。

国内创新型城市建设具有代表性的评估指标有：中国科学院科技发展研究小组中国区域创新能力评判指标、科技部创新型城市建设监测评判指标、中国科学院创新发展研究中心的省域创新能力评判指标、国家统计局统计科学研究所创新城市评价课题组的中国创新城市评判指标、创新型国家建设报告课题组的创新型城市评判指标、国家创新体系建设战略研究组的创新型城市评判指标、中国科学院地理科学与资源研究所构建的中国创新型城市综合评估体系和开发的中国创新型城市综合评估监测系统以及2016 年中国科技部、国家发展和改革委员会制定的《建设创新型城市工作指引》中建设创新型城市指标体系。与此同时，专家学者们还针对若干具有创新型城市建设潜力的城市建立评价指标体系进行评价，包括中关村创新指数、上海张江创新指数等。这些创新城市综合评估指标从不同的角度为我国创新型城市的建设提供了有价值的参考与借鉴，但是仍存在一些问题：（1）评价指标体系繁多，缺乏可操作性。众多指标体系中一级指标达到 3～12 个，二级指标为 6～32 个，三级指标可达 20～100 个，指标过多加强了量化的困难度，降低了对创新型城市综合评价的可操作性。（2）评价指标缺乏时效性。国内研究者设计的创新型城市综合评价体系大多沿用了城市知识创新能力评价体系的内容，而创新型城市是知识经济时代与全球化背景下所形成的城市发展的高级阶段，在全球创新体系与国家创新体系中起到重要作用，对全球与国家创新格局具有重要的影响，可量化的综合评价得分只能从纵向的角度对创新型城市发展现状进行比较分析。

国外对创新型城市建设的评判尺度多以国家为主，评判内容以创新能力为主，较少涉及创新环境、产业创新、人居环境创新和生态创新，也就是以狭义的创新城市内涵评判为准。在评判指标选择上都只适用于国外发达国家，有些指标不适用于符合我国国情的城市发展阶段，更倾向于发达国家。而国内由于对创新型城市建设的构成要素与系统结构分析不够，对创新型城市建设的评价体系构建上主要侧重反映总量与数量的指标，偏重创新型城市创新职能，而忽视了创新型城市在国家、区域、全球的功能性。并且由于国内各城市发展阶段存在差异性，致使评价指标缺乏通用性，且指标数量过多，缺乏可操作性。

国内外对创新型城市的研究较多基于通过大规模指标体系的综合评价得分认识和分析创新型城市的发展现状，较少从创新型城市的建设目标与核心功能进行明确的界定与分析，导致对创新型城市的认识模糊不清且解读不一。

1.3.1.3　城市创新的知识溢出效应相关研究

"市"因集聚与规模经济的正外部性而繁荣昌盛，但也受到集聚与规模经济的负外部性的影响而衰落。创新型城市出现的原因之一就是解决集聚经济的负外部性，而使城市得到复兴，所以创新要素的集聚是创新型城市最本质特征之一。因为集聚效应会使创新要素之间更容易相互作用，并产生面对面的交流，产生知识的溢出，促进创新的扩散，从而带动地区周边城市创新的发展。知识溢出效应有助于创新型网络的形成，提高创新型城市的自主创新能力与知识吸收能力。知识的溢出效应可以减少城市创新成本，促进创新型城市中经济、社会与环境系统协调互促，从而使城市的经济得以持续增长，城市发展质量不断提高。

关于知识溢出（knowledge spillovers）的研究最早起源于阿罗（Arrow，1962）对干中学（learn by doing）经济意义的分析。即企业的研发活动对其他企业的生产存在正的外部性，为知识溢出。丹尼尔斯等（Danies et al.，2000）用中心地理论来讨论区域知识溢出，在空间因素引进了经典的溢出理论中用来强调区域溢出的空间扩散属性。证明存在较紧密的联系以及便利的交通基础设施是获得和吸收知识溢出效应的重要条件。通过吸收邻近或相似地区的知识溢出也有助于提升本地自主创新能力。国外关于知识溢出效应的研究多是基于新经济增长理论、经济地理理论、创新网络理论和竞争优势理论来探讨知识溢出产生的经济效应。克鲁格曼（Krugman，1991）在马歇尔提出的聚集经济的概念上提出了集聚效应的三种类型，分别是劳动力市场集聚效应、中间投入效应和技术溢出效应，强调了技术溢出对新产区发展中的重要影响。弗里曼（Freeman，1991）研究证明在产业集群中存在的知识溢出效应，而这种知识溢出效应是经济增长的根本动力，是形成群落创新的原因。以上研究均证明知识溢出能带来除经济效应外的其他相关效应。

知识溢出效应与城市创新能力。内生增长理论强调知识存量与 R&D 投入不仅促进了本地区创新的发展，也对邻近地区创新发展产生影响。卢卡斯（Lucas，1999）从区域经济的角度出发，指出一个地区的经济繁荣在很大程度上取决于知识的积累和溢出。林（Lin，2004）研究证明专业化和多样化的都市外部环境可以提高都市的创新活动活跃区，可以产生跨城市边界的地理溢出。张玉明（2009）运用空间计量经济学模型以高技术产业为例证明创新活动存在空间依赖性并且对区域创新产出具有正向作用，且相邻地区的创新活动可以提高本地区的创新水平，区域之间存在知识溢出现象。姜磊（2011）通过空间自相关分析证明中国创新活动有明显的空间集群现象。尤其集中表现在具有较高城市化水平的环渤海湾和长江三角城市群中。同时存在知识空间溢出效应，即相邻地区的创新活动对本地区创新水平的影响。曹勇等（2016）研究证明知识溢出效应与创新意愿存在倒"U"型曲线关系。

知识溢出效应与空间集聚。集聚是个体区位选择的宏观表象。对其现象的解释先后经历了运输成本说、生产要素流动说，但是仍然不足以解释知识经济时代发达的基础设施与信息化水平没有带来厂商的分散这一客观事实。马歇尔（Marshall，1920）最早用溢出来解释聚集现象的原因，并最早将知识溢出用于解释产业向城市的聚集。凯勒（Keller，2004）也进一步证明知识的外溢效应会随着距离的增加而降低，他的研究表明：与主要技术生产国—美国距离每增加10%，其生产效率降低0.15%，技术创新活动具有地区化或区域化的趋势。在近期的很多研究中，学者们都将区域的空间集聚现象归结为溢出的作用。王铮等（2008）学者认为，溢出的存在加强了区域的经济联系。近年来被用于解释那些具有资本特征的要素随时间会充分、强烈聚集。赵勇等（2009）认为，经济活动的空间集中会有效促进知识溢出，而知识溢出同样也影响空间和产业集聚，带来规模报酬递增，并且两者是相互作用与相互促进的。

知识溢出效应与创新网络。因为溢出的存在加强了区域的经济联系，知识溢出的基础就是空间相互作用及空间联系。随着信息化、知识时代的来临，城市间信息流、商品流、人流、物流的加速，提高了空间的相互作用与联系，从而形成了城际间的创新网络，创新网络的协同效应，又促进了城市的知识溢出效应，并提高了区域整体创新水平。

知识溢出的主要形式为创新扩散，哈格斯坦德（Hagerstrand，1953）认为，技术创新是通过城市等级扩散，即创新是在一些主要城市采用，创新传播到第一批中心的四周和次要中心；当创新传播到次要重要的周围，扩散过程结束了。大城市在创新的扩散中占有重要地位。为了提高创新扩散的作用，众多学者通过社会网络的分析方法意识到了创新网络对创新扩散的作用，德布雷逊和艾姆塞斯（Debresson & Amesse，1991）认为，网络较强的互补性与相互作用更有利于知识溢出与扩散的优势。坎特纳和格拉夫（Cantner，U. and Graf，H.，2006）认为，不像由契约关系形成的网络，非正式的网络更有利于缄默知识的传播与扩散，且创新主体间的相互作用所形成的网络关系形成了信息与知识重要的传播渠道。随着社会网络分析法对创新扩散研究的深入，经济学家也开始注意到创新网络的类型与特征也对知识的溢出与扩散产生重要的影响。瓦茨（Watts，1998）认为，具有小世界网络特征的创新网络知识溢出的效率最快，且较短的路径以及具有组群现象的网络关系特征对知识的扩散溢出有重要的影响。后来的学者还多从网络关系中的邻近性探索其对创新的扩散产生的影响，地理邻近性（distance proximity）、认知邻近性（cognitive proximity）、组织邻近性（organizational proximity）、社会邻近性（social proximity）、机构邻近性（institutional proximity）对创新扩散的影响。如拉莱特和托雷（1999）认为，组织的邻近性可以替补地理邻近性的劣势。且不同类型的创新扩散受地理距离的影响也不相同，如隐性知识（tacit knowledge）与信息知识（codified knowledge）的扩散都不同。刘（Shaw - Ching Liu，2005）从网络结构抽象出影响创新的两个变量，分别是潜在的创新系数与模仿系数，并分析了中心性、区域性对创新潜力正相关，约束性对创新潜力负相关，而密度、集聚和嵌入性这些变量对创新潜力负相关。因此对网络结构的调整可以改变网络创新的速度和模仿的速度。通过对创新主体的网络进行社会网络分析，可以探索创新主体在创新网络中的位置，识别拥有丰富创新资源、具有较高创新能力以及创新扩散功能的创新型城市，从而有效促进创新型城市的建设效率。徐雪琪、程开明（2008）认为，创新多产于中心城市，由中心城市逐步向次级城市及周边地区扩散，且创新能力与城市规模都具有等级特征，两者之间存在较强的相关性。吕拉昌等（2013）对城市创新空间体系的研究较为丰富，分别以城市创新职能的角度研究了中国创新城市体系空间格局，呈现以上海、北京为顶级城市的五级塔型城市体系结构，且受城市创新规模、城市科研规模与效率以及城市创新潜力与城市环境等多方面因素影响。牛欣、陈向东（2013）建立城市创新引力模型，结合社会网络分析法，对我国287个地级城市间的创新联系以及创新网络空间结构进行探索，揭示我国各经济圈城市间创新联系紧密程度存在差异，以经济发达城市为核心的创新网络空间布局基本形成。李丹丹、汪涛（2015）以2000～2009年中国生物技术领域合著论文和共同申请专利的信息为原始数据，分别构建中国城市间科学知识网络与技术知识网络，运用复杂网络与地学空间分析方法分析了中心城市创新网络的空间特征探究知识溢出的时空复杂性。也有很多学者通过区域或城市间论文或专利的合作数据创新流来研究创新网络。张冬玲、王贤文（2008）通过 web of science 中的科学论文合作数据，利用 SNA 方法展示了城市间科学论文的合作网络结构。司尚奇、冯锋（2010）对我国六大跨区域技术转移联盟中38 个城市合作网络进行分析，发现珠三角区域、长江三角洲区域城市合作网络最为发达，可以通过培育北京、上海、中部的武汉和西部的兰州等中介性较强的城市，从而有效推进技术转移联盟间合作与交流。吴素春（2013）采用社会网络分析法，研究了创新型城市国际合作网络特征，发现创新型城市倾向于选择地理邻近和发达国家的城市选择合作，上海和北京是国际合作最活跃的城市。

全球化信息时代，城市是处在等级网络中的，而传统国内城市创新体系通常较多地采用中心地理论的视角来探析城市与城市之间的创新关系，同层级的创新城市之间的水平联系以及创新扩散的渠道容易被忽视，通过城市间的创新网络观察知识溢出效应的扩散方式与方向，通过创新网络结构特征识别具有丰富创新资源和较强创新要素支配功能的节点城市，调整创新网络结构，发挥节点城市的功能作用，提高创新型城市的建设效率。

1.3.2 可能创新点

在对创新型城市理论研究上，大多数学者从国家创新系统理论、区域创新系统理论出发强调城市创新系统的构成要素，但未从创新型城市的形成与演化机制来解释创新型城市形成的原因以及其功能作用，理论基础研究还需要进一步完善。在实证研究中，首先，面面俱到的指标体系更多地关注了创新，而忽略了创新得以发展的城市本身特色，使得创新型城市在研究中流于空范与千篇一律，为评价而评价，模糊了创新型城市的内涵与功能，不利于创新型城市建设的实践指导。其次，大多数研究建立在城市资源禀赋的基础上的自主创新，而对城市—区域尺度的关注度不同。创新型城市的建设与发展背景是基于全球化与知识经济时代，这种时代背景为创新所必需的经济、社会与知识资本在城市的迅速聚集提供了机会与窗口，知识的外部性为创新提供了新的增长源泉。如何借助知识与空间的外部性，获取创新资源并有效利用国际创新资源提升城市的创新能力也是未来创新型城市研究的主要方向。与已有研究相比，根据研究未来的发展趋势，本书的可能创新点主要体现在以下两个方面。

第一，在创新型城市理论研究上，突破传统中心地理论、纵向分级理论。融合创新系统理论、新经济增长要素的空间知识溢出理论、新经济地理学的地理溢出理论与世界城市理论的流空间理论，形成基于知识溢出效应的创新型城市理论体系与理论识别模型。解释了时代背景下创新型城市内涵与外部功能发挥机制。

第二，在实证分析上不以大体量指标体系对创新型城市进行评价与纵向比较，而是将关注重点由城市个体向区域支撑扩展，改变过多关注创新型城市本身，以创新型城市对国家及所在城市群协同创新发展的功能作用为关注点，采用空间计量与社会网络分析等多学科交叉的分析方法识别具有外部功能效应的中国创新型城市并予以验证。

第 2 章

创新型城市知识溢出效应的空间特征

创新型城市是城市化进程中城市创新由量变发展到质变的一种高级阶段的体现，实现了经济增长由要素驱动向创新驱动的变革，建设创新型城市是现代城市的共同目标。通过解读时代背景、国家战略需求下创新型城市的内涵与功能作用，从知识溢出效应的角度补充新经济增长理论、新经济地理学溢出理论和流空间理论，解释创新型城市的外部功能发挥，形成知识溢出效应视角下创新型城市研究的基础理论体系与创新型城市识别模型。

2.1 相关概念界定

2.1.1 城市创新与创新型城市的区别

城市是国家的创新中心，大多数新专利与新发明从城市产生。研究表明，1870～1920 年，美国城市化率与专利数量成正比。城市利用集聚经济的规模递增效应，降低了创新成本，提高了科技创新能力并驱动了城市经济日益增长与繁荣。在创新型城市的科学研究中，关于创新型城市可以得到持续增长的原因机制也引起了学术界的讨论与研究。卢卡斯（1988）强调人力资本与知识溢出效应是经济增长的源头与内生要素，佛罗里达（2000）的 3T 创新理论提出创新阶层为城市的创新与可持续发展带来了契机。部分西方发达国家的城市在注重科技创新的同时，更加注重对城市人力资本的投资与人才的引进，因为在高度集聚的城市中，人们通过模仿学习加速人力资本的累计。格莱泽（1999）认为，城市会通过人力资本"干中学"方式而得到繁荣，逐渐从一个"问题中心"发展成为一个现代的、公平的、可持续的、开放的、效率高的、每一个人都向往的集聚地——创新型城市。

创新是城市的职能之一，城市利用科技创新、制度创新等来解决如交通拥堵、社会治安、环境污染等在发展过程中遇到的城市问题。城市创新属于中观层面的创新行为，不同于微观的企业创新和宏观上国家区域创新。创新型城市是经济社会发展到一定阶段，在知识经济时代由服务经济取代工业经济的一种城市发展模式，是城市彻底改变传统经济发展模式、实现跨越式可持续发展的必经途径。所以创新型城市的出现与建设不局限于解决城市问题，而是在知识经济时代与全球化背景下保持城市长久持续发展，并且辐射协同周边城市区域共同创新，提高区域、国家创新能力的整体水平。

优化区域创新格局、打造区域经济增长极是国家创新驱动战略的主要任务，通过创新型城市建设来培育新兴产业发展增长极，从而增强创新发展的辐射带动功能，跨区域整合创新资源，并推动优势地区建成具有全球影响力的科技创新中心。本书认为，创新型城市是分层次、渐进式推进创新型国家建设战略的必由之路与突破口，是城市发展到一定阶段的城市发展体现和以创新驱动提高城市持续发展能力的一种城市建设模式。创新型城市是知识创新的集聚地，借助知识溢出效应实现经济的持续增长，通过创新辐射带动效应，提高周边区域与国家整体创新水平，具有创新的集聚、扩散与支配功能。

2.1.2　创新型城市的知识溢出效应

城市的发展过程是对资源配置效率改善的过程，创新型城市是知识创新的集聚地，其创新辐射带动效应则是借助其知识溢出效应对创新资源进行优化与选择，从而提高创新资源的配置效率、优化经济结构、保持城市经济持续增长，发挥创新型城市功能效应。

2.1.2.1　知识溢出

知识作为知识经济时代中重要的生产投入要素，经常被经济学家提到。显性知识（codified knowledge）和隐性知识是知识主要的两大属性分类，显性知识包括事实和原理，而技能知识和人力知识对应隐性知识，知识具有不完全竞争性与公共产品的属性，所以知识较其他生产要素存在较强的溢出效应。知识是提高创新水平的主要因素，在创新活动中也会产生新的知识。溢出（spillover）在经济学中特指活动而产生的外部性，体现一个行为活动对其他利益主体产生的影响。知识溢出是指知识扩散中的一种外部性，由于知识具有不完全排他性以及非竞争性的特征，这使得知识通过各种渠道（国际贸易、科技人才流动、产品信息的公布、会议等）即在创新的过程中被别的经济主体所利用，从而导致了知识或技术"溢出"。知识溢出更加强调知识的复制与再次利用，格莱则等（1992）、亨德森等（1995）、克鲁格曼（1997）将知识外部性区分为静态与动态的外部性，并作为知识再造与创新的源泉。静态的知识溢出主要侧重于现阶段的知识的规模与存量大小的影响，体现为集聚效应、知识人力的地理集中性以及城市接收知识溢出等方面的能力。而动态的知识溢出强调新的知识与创新主要来自于外面区域的相互作用，从而产生知识创新的扩散与流动效应。所以知识溢出是一种过程，根据创新型城市的内涵与核心功能，研究认为创新型城市的知识溢出效应则是指创新型城市在城市创新过程中所带来的经济增长，以及对其他城市、区域创新发展的影响，具体表现为创新型城市知识溢出过程中的经济效应和空间效应。

2.1.2.2 创新型城市知识溢出的经济效应

经济增长分为两个部分，一是要素投入带来的增长，二是由全要素生产率提高带来的增长。传统的经济增长方式则强调劳动力、资源与资本的投入，这种粗放型的经济增长方式以资源环境为代价，并且导致了更多的社会问题，是不可持续的经济增长模式。技术创新作为一种看不到的经济增长投入要素，成为减少资源成本、提高效率的主要原因，同时也被证明了是促进经济增长的内生影响因素。城市因集聚而繁荣，集聚也加速了要素之间的相互作用，并产生了知识溢出，促进了创新，带动城市经济的持续增长。所以随着新知识经济时代的到来，越来越多的城市为了保持经济的持续增长，相继从制造业中心变革为创新中心，因此创新型城市则应运而生并得以发展，其知识溢出效应也是解释创新型城市对区域、国家整体创新的影响。根据对创新型城市内涵的界定，创新型城市是特定历史阶段创新要素集聚和发挥作用的城市发展模式，所以因为创新要素的集聚，创新型城市创新系统会产生较大的静态知识外部性，从而降低创新成本，创新要素集聚所带来的静态知识溢出效应促进了城市经济持续增长。

2.1.2.3　创新型城市知识溢出的空间效应

根据创新型城市的内涵与核心功能，研究认为，创新型城市对知识创新要素具有集聚、扩散与支配功能。而创新型城市在发挥其功能作用时会产生知识溢出效应，形成创新型城市在城市创新空间格局特征的重要原因。

城市地理空间的第一定律认为，所有的地理事物都存在关系，但距离较近的事物与距离较远的事物更有关系，知识溢出即是通过其间的相互作用关系产生的。所以知识溢出在地理空间中具有衰减性，即知识溢出效应会随着知识溢出源的距离增大而减小，如果靠近知识溢出源的区域有能力接受其知识溢出，在空间上就会形成空间集聚特征，并随着离溢出源距离的增大而减小。如果靠近溢出源的区域知识吸收能力很弱，与创新源存在知识鸿沟，靠近知识溢出源的这些区域就很容易产生知识溢出的负效应，致使自身创新要素流失到知识溢出源城市并在地理空间上形成创新极核的空间特征。但是如果邻近创新溢出源的城市具有较强的知识吸收能力与较高水平的城市发展质量，创新源城市在对创新资源进行配置与优化过程中会将创新要素升级，扩散到周边城市区域，并被其有效利用，从而发挥了创新型城市的创新扩散功能，在空间形成了创新热点区域与创新城市群。随着交通基础设施的完善与信息化水平的提高，具有高度发达的交通基础设施与信息化水平的城市可以克服地理空间距离，跨越了地理空间的边界，倾向于与其创新水平相似的区域进行创新联系与合作，并产生知识溢出效应，促进知识创新的扩散，继而在空间格局中表现为多创新中心的网络化的空间特征。同时网络的溢出效应也成为知识溢出的主要渠道，加大了创新扩散。创新型城市作为区域创新增长极与知识溢出源，其知识溢出空间效应表现为创新的空间极化、集聚以及创新联系网络节点的空间特征，所以创新型城市的知识空间溢出效应是创新型城市功能发挥外部性的结果。

2.2　创新型城市知识溢出效应的空间特征

较多研究已证明知识溢出是形成区域创新空间格局特征的主要影响因素，创新型城市在发挥其知识创新的集聚、扩散与支配功能所产生的知识溢出效应是形成创新型城市在城市创新空间格局特征的主要原因。

2.2.1　创新型城市知识创新的空间极化特征

知识溢出效应源于知识的外部性特征，不同的集聚模式会表现为不同的知识外部性特征，但均强调地理集聚有利于知识的溢出和区域创新。知识溢出是产业集聚的主要动力，是促进集聚、创新和增长过程中空间特征的主要原因。

知识创新要素的高度集聚是创新型城市重要的特征之一。研究证明，创新活动的空间集聚来源于知识溢出，马歇尔（1948）与弗里曼（1999）认为，因为隐性知识的传递会随空间距离的增加而衰减，知识溢出对创新的影响存在着地理空间距离的限制，隐性知识需要人与人面对面地互动与交流产生知识溢出，以促进创新的产出与经济增长，所以地理邻近性对知识溢出具有重要作用。知识溢出的存在促使创新活动空间集中，而空间集中降低了创新成本并且促进了集群创新网络的发展与创新产出水平的提高。林（2003）运用 1990～1999 年美国都市区专利数据的研究发现，创新活动高度集中于少量的都市区中，知识溢出效应存在城市之间的跨区域以及其边界区，创新活动的集中度要高于经济行为的集中度。集聚来源于知识溢出，同时知识溢出加速集聚的形成，集聚与知识溢出存在相互作用的关系机制。

新古典增长理论与内生增长理论均认为，经济的增长是由资本积累所驱动，但不同的是内生增长理论的资本所强调的是物质资本、人力资本与知识资本。人力资本与知识资本不同于新古典理论的资本收益规模递减原则，具有规模收益递增特征。溢出效应的增加更容易创造新的知识与技术，不存在规模收益递减对经济增长的约束。创新型城市的主要特征为人力资本与知识资本的集聚，即创新要素的集聚。创新资本的规模递增效应使市经济得以持续增长。将城市创新体系按照两类划分，分为非创新型城市 C 与创新型城市 I。创新型城市 I 主要表现为知识创新要素的集聚，即人力资本、科研院所、高校、知识密集型产业等知识创新要素的集聚，由知识资本代替传统劳动力等资本来促进经济持续增长；非创新型城市 C 表现为传统资本要素促进城市经济增长的模式，主要表现为传统资源要素，劳动密集型产业的集聚。资本是通过资本创造部门利用劳动来创造的，单位资本的生产需要 α_1 单位的劳动，单位劳动的工资水平为 ω_l，则创造单位资本的边际成本 $F = \alpha_1 \omega_L$。而知识资本要素中的人力资本更容易因为地理位置的邻近性进行相互交流，从而相互作用，由于隐性知识更容易流动，具有较高知识吸收能力的科技创新人员会更容易通过与其他科技创新人员进行相互交流与学习，从而获得新的知识技术能力。所以对于创新型城市来说，α_1 会随着创新产出的增加而相对减少，而对于传统城市来说，α_1 也会随着产出的增加而减少，因为 $\alpha_1 = 1/K^\omega$，K 为城市的总资本存量。所以城市的资本生产效率不仅取决于知识存量 K，也取决于创新要素通过相互作用带来的影响，即知识溢出效应。因为实际利用的资本份额 $A = s_k + \lambda(1 - s_k)$，其中 $\lambda \in [0, 1]$，为溢出系数，λ 越大，溢出越大。s_k 表示私人（显性）知识成本，也可代替创新资本的产出，即为知识存量。知识存量越大，知识溢出效应越大，新资本形成的成本就越小。而非创新型城市 C 对创新人才来说吸引力较弱，创新阶层集聚力较弱，隐性知识的溢出效应受到了限制。从而得出结论，知识溢出效应越大，边际成本就越小。

$$F_I = \omega_L \alpha_1, \quad \alpha_1 = 1/(K^\omega A_I), \quad A_I = s_k + \lambda(1 - s_k) \qquad (2-1)$$

$$F_c = \omega_L \alpha_1, \quad \alpha_1^c = 1/(K^\omega A_c), \quad A_c = \lambda s_K + 1 - s_K \qquad (2-2)$$

创新型城市 I 因为具有较高的知识溢出效应，边际成本较少，规模报酬递增，使经济持续增长。所以资本存量 K 一直在增长，即 K 是增长率 g 的函数。另一个长期变量是知识资本的空间分布，用不可流动的私人知识资本来表示 s_k。所以根据增长率 g 是随着私人知识资本的变动而变动，私人知识资本较大的区域增长率高，得到如下恒等式：

$$s_k = (g_I - g_c)s_k(1 - s_k) \qquad (2-3)$$

当区域的内部存在均衡时，创新型城市与非创新型城市都生产知识资本；当出现核心—边缘结构时，只有作为创新中心的创新型城市会生产资本。创新型城市的资本增长率就等于经济系统资本增长率。

当 $0 < s_k < 1$ 时，$q_I \equiv v_I/F_I$，$q_c \equiv v_c/F_c$；当 $s_k = 1$ 时，$q_I = 1$，$q_c < 1$。

q 为托宾值，用资本现值比上资本成本，当 q 值等于 1 时，资本的空间分布 s_k 与资本增长率均达到稳定状态。v 为资本现值：

$$v = \int_0^\infty e^{-\rho t} e^{-\delta t} (\pi e^{-gt}) \mathrm{d}t = \pi/(\rho + \delta + g), \quad v_c = \pi_c/(\rho + \delta + g) \qquad (2-4)$$

创新型城市就是要发挥创新辐射带动功能，带动整体区域创新水平，缩小区域创新差异，使区域创新系统保持长期均衡。

研究认为，创新型城市知识溢出效应可以为区域带来长期的均衡，即知识溢出效应最大，$\lambda = 1$。所以从资本的长期增长率入手，确定集聚是否会为创新型城市带来更高的增长率。经济系统的总收入减去用于创新资本指出的部分为经济系统的总支出。总收入包括劳动的收入（$\omega_L L + \omega_{cL} L_c = L^w$）和资本收益（$\pi s_n K^\omega + \pi_c (1 - s_n) K^\omega = bE^\omega$）。支出包括补偿资本折旧的支出（$-\delta K^\omega \alpha_1$）和保持资本存量以 g 增长的支出（$-gK^\omega \alpha_1$）。所以创新型城市 I 的收入和非创新型城市 C 的收入可以写成：

$$E_I = s_L L^\omega + s_k b B_I E^\omega - (g + \delta) K_I \alpha_{I1} \tag{2-5}$$

$$E_c = s_L L^\omega + s_k b B_c E^\omega - (g + \delta) K_c \alpha_{c1} \tag{2-6}$$

二者相加是经济系统的总收入，即：

$$E^\omega = \frac{L^\omega}{1-b} - \frac{(g+\delta)}{1-b} \left(\frac{s_K}{s_K + \lambda(1-s_K)} + \frac{1-s_K}{\lambda s_K + (1-s_K)} \right) \tag{2-7}$$

当不存在创新城市时，也就是城市创新的结构是对称的，即 $s_K = 1/2$ 时：

$$E^\omega = \frac{1}{1-b} \left(L^\omega - \frac{2(g+\delta)}{1+\lambda} \right) \tag{2-8}$$

令 $q = 1$，即 $1 \equiv v/F$：

$$\frac{\pi}{(\rho+\delta+g)w_L \alpha_1} = \frac{\pi K^w A}{\rho+\delta+g} = \frac{bBE^w A}{\rho+\delta+g} = \frac{b(1+\lambda)E^w}{2(\rho+\delta+g)} = 1 \tag{2-9}$$

$$g^s = \frac{b(1+\lambda)}{2} L^\omega - (1-b)\rho - \delta \tag{2-10}$$

$$E^\omega = L^\omega + \frac{2\rho}{1+\lambda}$$

在均衡的情况下，发现知识溢出效应加速了资本的增长率。资本增长率越大，溢出效应越大，同时知识资本的空间溢出效应会提高增长率。

当存在创新型城市时，意味着中国城市创新体系呈现核心—边缘结构时，$s_k = 1$，$\Delta_I = 1$，$\Delta_c = \phi$，$A = 1$，$B = 1$，$q_I = 1$，$q_c < 1$。

由于 $E^\omega = \dfrac{L^\omega - (g+\delta)}{1-b}$，$q = \dfrac{v}{F} = \dfrac{bBE^w A}{\rho+\delta+g} = \dfrac{b(L^\omega - g - \delta)}{(1-b)(\rho+\delta+g)} = 1$，所以，$g^I = bL^\omega - (1-b)\rho - \delta$，$E^\omega = L^\omega + \rho$，$g^I$ 为作为极核点的创新型城市的增长率。

将 g^I 减去均衡时城市的增长率 g^s，即 $g^I - g^s = b(1-\lambda)L^\omega/2 > 0$，表明集聚相对均衡更加能促进经济的增长率。创新型城市的特征之一为知识资本要素的集聚，并且集聚带来的知识溢出效应促进了创新型城市经济增长率的提高。集聚是经济增长的结果，同时也是经济增长的前提。

　　新经济地理学基于隐性知识溢出的局部性特征，强调地理邻近性的知识溢出在产业区位形成中的重要作用，将集聚作为知识溢出来源。创新要素的高度集聚是城市创新发生质变的前提，在创新初期因区位优势、资本积累、政策优惠等原因造成的创新活动的市场接近效应（技术的外部性）＋生活成本效应（金融的外部性）＞市场拥挤效应，形成创新要素的集聚。正如奥德斯（Audretsch D B，1996）证明的生产活动与创新活动在地理空间分布上有较高的相关性，且创新活动比生产活动更加集中。正是创新活动的集聚加速了创新型城市的形成，也因为创新要素的集聚效应，为创新型城市的经济带来了持续增长的同时也扩大了城市创新的空间差异。多数研究证明，知识创新要素集聚在少数具有较高经济发展水平、便利的交通基础设施、较高信息化水平的区域中心城市中。就像皮特（Peter，2003）提出的"世界是尖的"见解，由创新集群、创新空间的崛起与创新城市引领而造就的多经济中心网络格局已经成为当今世界经济地图的重要特征表现。创新型城市的出现对经济集聚、多样化和区域创新的非均衡化趋势起着至关重要的作用。创新型城市的创新活动与创新要素的集聚地，在其建设与发展的初期会拉大区域经济的差异。创新活动的集聚和极化与经济发展相似，正如库茨涅茨（Kuznets，1955）与威廉姆森（Williamson，1965）的研究结果一样，创新型城市的集聚效应所带来的区域创新差异是国家创新发展初期不可逾越的阶段，但是所产生的区域创新差异与经济差异均会随着创新型城市发展的成熟而消失。并且通过创新型城市的创新扩散效应来带动区域创新的整体发展，由集聚走向均衡，实现创新型城市建设的最终目标与功能效应。

2.2.2　创新型城市知识创新的空间集聚特征

　　因为创新型城市的创新要素集聚所带来的规模递增效应给创新型城市带来了规模较大并且可以量化的创新产出，而研究表明，显性的知识创新在空间格局中具有一定的锁定效应和空间依赖性，所以创新要素的累计循环因果效应使创新要素高度集聚于创新型城市。然而过度的集聚会给市场带来拥挤效应，高度集聚产生的竞争外部性会淘汰或者被迫转移出缺乏有创新能力或创新能力弱的企业，留在城市的则是创新能力或规模经济效益强的企业，通过创新资源的有效配置来优化城市产业结构。创新要素的集聚是创新型城市形成的初始表现特征，创新扩散则是城市创新真正质变的过程，也是创新型城市发展成熟阶段的体现。而创新的扩散来源于知识的传播与知识的溢出，知识溢出又是创新扩散的一种外部性表现，知识溢出效应可以解释创新扩散的程度，从而反映创新型城市的发展阶段。创新型城市是知识创新产业集聚效应和创新扩散效应的矢量集合，两者之间存在循环累积互为因果的关系。创新型城市的创新扩散促进了邻近城市知识创新的集聚，培育形成了新的创新型城市，降低了创新型城市的建设成本，发挥了创新型城市协同创新的功能效应。

创新活动与知识的集聚是创新型城市形成的前提，而知识创新的扩散才是城市质变的表现，也是创新型城市真正发挥功能作用的外部表现。知识创新扩散通过知识溢出渠道使知识从发源地向外进行空间传播、转移，促进社会对知识的利用。所以创新型城市的邻近城市除了使用自身的知识资本以外，还可以获取其邻近的创新型城市通过知识溢出所扩散出的创新资源，降低创新成本，提高知识创新能力。即 $A_c = \lambda s_{lk} + s_{ck}$，表示溢出部分的知识资本、创新型城市的创新能力与空间知识溢出系数成正比。创新型城市的创新能力越强，溢出系数越大，周边城市使用的知识量也就越大，周边外围城市也可以接受较多的从创新型城市扩散出的知识资本。如果我们的 λ 为 1，也就是知识溢出效应最大时，可以看到创新型城市与其周边城市所使用的知识资本呈现均衡状态，即创新型城市发挥了其外部的功能作用，协同周边城市和区域的共同创新。知识溢出是城市之间相互作用产生新的知识创新，提高创新能力的过程。创新型城市知识扩散功能的发挥很大程度上也取决于其邻边城市的知识吸收能力，如果邻边城市有能力接收来自创新型城市的知识溢出效应，那么在地理空间上会形成创新型都市圈或者城市群等城市创新的空间集聚特征，即意味着邻近创新型城市的周边城市也基本具有建设创新型城市的条件与能力。所以创新型城市较多成长于发展较为成熟的且具有地理邻近效应的都市圈与城市群，并且创新型城市的知识溢出的空间效应所表现出的创新扩散效应要大于创新要素集聚效应。

2.2.3 创新型城市知识创新网络的空间节点的特征

知识的流动是知识扩散的一种形式，也被称为知识转移，通过知识溢出效应来体现。知识流动的目的是考虑后续的创新，而知识扩散则只是从知识发源地向外进行传播，是让邻近的地区可以获得已经取得的知识。伴随着全球化进程的加快与信息技术的普及，创新能力较强的城市并没有受到地理空间距离的约束，反而凭借其高速发展的交通基础设施与高水平的信息网络，更倾向于创新能力相似的城市进行创新合作与联系，获得新的创新资源，提高自己在区域、全国乃至全球范围内城市创新体系的影响力与竞争力。这种克服地理距离的知识空间溢出效应再度活跃国家乃至全球的城市创新系统，从而出现了具有国际影响力的创新型城市、全球城市和世界城市。

世界城市的流空间理论强调人流、物流、信息流以及城市间相互合作形成的创新网络溢出效应对创新扩散的影响。弗里曼（Freeman，1979）认为，网络的中心性可以反映一个城市作为节点的活力及其靠近资源或者控制资源的程度。贝克儿（Baker，1970）认为，嵌入网络的中心性、技术距离以及网络密度都对创新的产出与创新的接受能力有很大的影响。林等（Lim et al.，2013）认为，拥有较高中心性的城市，会吸引周围更多的城市与其合作，交流合作成本会降低且可以获得更多的社会资本。伯特（Burt，2005）的结构洞理论认为，处在结构洞位置的节点城市可以更好地获取新知识与新技术，并且处于结构洞越多的位置，所接触的异质资源越多，且可以更自由并自动地去获取利用来自其他个体的创新资源。大量的国内研究也表明了城市创新网络的结构特征对城市创新产生影响，并且可以通过城市创新网络的节点特征来识别创新能力较高且创新潜力较大的城市。司尚奇、冯锋（2010）通过社会网络分析法对中国跨区域的 38 个城市合作网络进行分析，跨区域城市合作网络最为发达的是珠江三角洲与长江三角洲，北京、上海、武汉与兰州因为在城市合作网络具有较强的终结性，可加速推进技术转移联盟之间的交流合作。吴素春（2013）采用社会网络分析法证明了上海和北京是国际合作最活跃的创新型城市，且创新型城市更倾向于与其地理空间邻近和发达国家中创新水平较高的城市进行创新合作。

创新型城市是在全球化与信息经济时代宏观环境中所形成的城市，创新型城市中创新活动的空间禀赋条件与知识集聚仅反映了一种静态空间特征。在全球化时代，城市间人流、物流、信息流的高速传递加强了城市间的相互作用，不仅克服了隐性知识溢出的地理空间衰减的限制，还增加了显性知识的溢出机会，形成了城市间的知识网络。在动态网络的视角下，创新型城市还应具有异质于非创新型城市的动态性的外部特征，即在技术全球化越来越成为经济全球化表现形式的过程中，创新型城市可以充分控制与利用知识创新要素在全球范围内的流动，积极融入全球城市创新网络，有效利用配置全球创新资源以提升自身的创新能力。泰勒（Taylor，2001）以生产性服务企业间的经济联系的"流"数据建立了一个城市连锁网络，揭示城市节点在整个网络体系中所处的地位和功能，并证明了在城市网络体系中处于核心地位的世界城市具有较高的连通性，这种连通性从侧面可以反映出该城市具有较高的经济发展水平和发展潜力。

知识溢出作为区域溢出的一种重要形式伴随着物质联系而发生。真正的创新型城市要想实现质的提升，不应仅限于静态的因地理邻近的集聚所产生的扩散，而要凭借自己与非创新型城市的异质性和知识结构的多样化，使知识创新成为网络中各成员获取知识和能力的重要来源。通过网络产生的知识溢出效应，提高自身在国家与国际中的网络位势与竞争力。因此创新型城市知识溢出效应可以跨越地理空间的限制，与相似创新水平或高于其创新水平的创新型城市进行创新合作与创新联系，形成创新网络，并凭借创新网络的知识溢出效应，有效配置创新资源，提高自身在区域、国家乃至全球创新体系的影响力。

研究认为，创新型城市的知识溢出空间效应在城市创新空间格局中表现为创新极化、集聚与创新网络节点的空间特征，是创新型城市发挥创新要素的集聚、扩散与支配功能作用的外部空间表现，可以通过创新型城市的空间特征识别发挥功能作用的创新型城市。

第 3 章

创新型城市理论体系与
识别的模型构建

基于知识溢出效应的创新型城市理论体系不仅解释了创新型城市内部系统的经济持续增长本质特征，也揭示了创新型城市功能效应的理论机制及其在创新空间格局的表现特征。建立基于知识溢出效应的创新型城市识别模型，即从创新型城市在城市创新空间格局特征来判断具有创新要素集聚、扩散以及对创新资源流动具有支配功能的创新型城市。

3.1 理 论 体 系

融合创新系统理论、新经济增长要素的空间知识溢出理论、新经济地理学的地理溢出理论和世界城市理论的流空间理论为研究的理论基础，基于知识溢出效应的视角对创新型城市的形成与核心功能的发挥进行理论诠释，形成创新型城市理论体系。

3.1.1 理论基础

3.1.1.1 创新系统理论

创新型城市的研究理论源头可以追溯到 1912 年，经济学家熊彼特在其发表的《经济发展理论》一书中提到的创新以及创新在经济发展中的作用。创新本质上是一个系统现象，所以继创新理论后，一些学者采用了考虑空间范畴的研究方法，从区域、国家、洲际等不同层次和空间尺度来区分不同的创新系统。

（1）国家创新系统。英国经济学家克里斯托弗·弗里曼（Freeman C，1987）提出了国家创新系统并将其定义为国家创新系统为公共部门与私营部门相互作用联系所形成的网络，并且各机构通过网络促进了新技术的开发、复制，更新与扩散。之后国家创新系统理论分为以弗里曼（1987）和纳尔逊（Nelson R，1993）为代表的宏观学派和以伦德瓦尔（Lundvall，1992）等为代表的微观学派。前者侧重制度在国家创新系统中的重要作用，后者强调创新系统中各要素的相互作用对国家创新系统的作用。随着国家创新系统理论研究的不断深入，"国家创新系统研究项目"开始启动（OECD，1994），于1997年发表了《国家创新系统》专题报告，并阐述了知识行为通过创造、传播与应用等活动之间各种复杂的关系是产生创新与科技进步的重要原因。一个经济体的创新成果数量与质量大部分取决于这些知识行为活动如何成为相互作用、相互联系一起成为一个知识生产和利用的综合体。

国家创新系统着重强调知识之间的流动与互通，主要认为创新要素之间的相互作用可以提高知识创新效率。高效的国家创新系统，即创新体系中知识的存量，知识在创新主体间流动的效率和知识应用的能力可以作为协助政府评价国家竞争力的主要工具之一。国家创新系统理论强调了系统之间的相互作用和制度安排的研究。从社会、政治和经济等宏观视角来解释各国家创新发展实际的差异。

（2）区域创新系统。随着国家创新系统的逐步深入研究，学者发现创新活动在区域方面更为活跃，创新活动的空间分布有着较为明显的区域性特征，如果缺乏区域创新的支撑，国家创新系统就显得较为空泛与笼统，因而区域创新系统作为国家创新系统的重要组成部分，得到了国内外学者的关注。

最早提出区域创新系统并进行理论和实证研究的学者是英国的威尔士迪夫大学的教授库克（Cooke P.，1993），他在其后续的研究中将区域创新系统定义为企业和其他创新机构通过良好的创新环境系统从事交互学习，认为区域创新系统是由创新产品生产工艺的生产企业群、进行创新人才培养的教育机构、进行创新知识与技术生产的研究机构、对创新活动进行金融支持、政策法规约束政府机构和金融等创新服务机构等创新要素形成的有机系统，区域创新系统主要根植于同一区域社会经济和文化，如果区域内的各创新机构进行频繁互动时意味着区域创新系统是存在的。魏格

（Wig，1995）认为，区域创新系统主要是根植于社会、经济、文化等环境中的知识应用与开发的子系统，同时也是知识生产与知识扩散的子系统。广义的创新网络等同于区域创新系统，强调创新要素与要素之间的关系以及相互作用，区域创新网络对传递可编码的知识和默会知识在实现创新过程中发挥了重要的作用。顾新（2001）总结了区域创新系统的概念，认为区域创新系统具有一定的地域空间范围和开放的边界，通过企业、科研院所与地方政府机构等为主要创新单元，这些创新单元通过相互作用与相互关联形成具有稳定性的组织结构，并且通过其所依托的社会环境实现创新以及科技创新的扩散，从而实现创新的持续发展。区域创新系统更加强调创新过程的根植性特征，具有一定的黏滞性和路径依赖，同时也解释了地理空间的邻近性对创新产生的重要作用。

（3）城市创新系统。随着国家与区域创新系统理论的不断深化，城市作为创新活动的空间载体其集聚效应为创新的生产以及创新的成果转化提供了发展的空间，在国家与区域创新中起到了越来越重要的作用。区域创新系统的研究开始分支出以城市为研究单元与创新载体，并逐渐衍化为在区域创新系统中在城市层面的特殊子系统。赵黎明（2002）首先提出了城市创新系统理论并且确定了其含义，认为城市创新系统是以在区域内的城市为载体与创新空间，通过城市内各创新要素相互作用、相互联系以及利用创新政策与制度来协调城市内各创新要素的关系，从而形成城市创新系统并发挥其功能作用。隋映辉（2004）认为，城市创新系统是发挥创新扩散与集聚功能的集合体，良好的城市创新系统是体现城市创新规模与实力的重要方面。城市的创新系统是一个国家创新资源高度集聚的地方，是国家创新系统的战略支点，也是带动区域创新系统发展的重要节点。

国家层面创新系统的研究侧重于创新体制与制度的建设，并且在全球化作用影响下国家创新能力是国际上综合竞争力与影响力的体现。另外，知识流动表现了明显的区域属性与区域特色，许多创新要素倾向集中于重要的知识生产和传播基地附近，区域创新系统是国家创新系统的细化与补充。城市化以及经济全球化提高了具有功能完善的城市创新系统在组织与协调区域创新活动与创新联系的重要性，作为具有"高循环系统的"创新型城市对区域创新与国家整体创新起着集聚与辐射带动作用，所以城市创新系统的提出是时代背景下区域创新系统理论研究的提炼与升华的结果。在对创新型城市理论研究上，大多数学者都是从国家创新系统理论、区域创新系统理论出发强调城市创新系统的构成要素，因此初步形成了创新型城市理论体系。

3.1.1.2　新经济增长要素的空间知识溢出理论

创新型城市是由区域科技中心城市发展演变形成的，科技创新是创新型城市形成的前提与核心。最早将科技进步作为投入要素纳入生产函数的是以索洛（Solow，1956）和斯旺（Swan，1956）等为代表的一些经济学家，他们将科技进步作为投入要素纳入生产函数，强调技术进步是推动经济增长的主要作用，并提出新古典经济增长理论。新古典理论以技术进步对经济增长的贡献的"索洛余值"解释了某些区域经济的持续增长，但是新古典理论一个主要特征就是生产要素的边际收益递减，即在生产模型中将技术进步作为经济增长的外部解释变量，在没有技术进步下，长期的经济增长趋于零。新古典经济增长理论较多关注物质资本的积累，但物质资本又受到规模收益递减的规律，否定了资本与劳动力的长期积累对经济增长的作用，只有通过索洛模型中外生技术进步驱动经济的增长，而这种外生的技术进步不足以对经济增长做出较有说服力的解释。

新古典的区域经济增长理论将区际系统的开放度纳入了标准的新古典经济增长理论中，构建了多个区域经济增长模型。该模型假定市场是完全竞争，并且规模报酬不变，把新古典理论中生产要素的区际流动作为驱动经济增长的关键因素，比较适用于国家与区域的发展。但是这个模型建立在规模报酬不变的假定上，没有考虑空间集聚经济和规模经济，要素流动的机制也没有阐明，不能很好地解释区域经济的持续增长以及区域经济空间差异的现象。资本创造理论虽然考虑到了区域经济的基本特征，强调了经济增长的区位优势与资本积累的规模收益递增的规律，但忽略了要素的流动性，生产要素的流动性加强与区际交易成本的降低，要素的流动性是区域经济一体化的重要体现。所以该理论在解释区域经济一体化时不够完善。

新古典经济增长理论以及考虑区域因素与特征的区域经济增长理论与资本创造模型均提出了技术进步与创新是经济增长源泉，但对技术进步驱动经济增长的途径与机制并没有给出较有说服力的解释。尤其是新古典增长理论中关于区域经济收敛的索洛模型表明因为规模报酬的递减，经济体内劳动者的人均资本水平越高，资本的收益率越低。贫穷国家由于具有较低的人均资本质量，从而资本边际收益率越高，由此产生较快的增长速度，最终赶上富国，实现国家间经济增长的趋同。但是现实生活中也存在一些经济现象与该理论的结论具有差距，缺乏具有说服力的解释，如贫穷地区的经济非但没有赶超富裕地区的经济，反而差距逐渐扩大。国际间资本的流动为什么经常发生在发达国家之间，形成网络化空间格局的前提条件也是需要多中心增长极作为网络枢纽节点，可流动性的资本往往流向经济发展较高、基础设施较好的区域。

新古典经济增长理论的缺陷就是规模收益递减而导致了技术进步的外生性，所以要想使经济保持长期持续增长，需要从规模收益递增的角度考虑经济增长。杜兰顿和普加（Duranton G & Puga D，2004）把递增报酬概括为：共享、匹配和学习。其中知识溢出是学习和共享的基础，即随着资本存量的增加，作为经济增长源泉的技术创新的成本也会下降。这种成本下降的机制来源于知识具有部分排他性与黏滞性，因为这种特殊的属性，也就是知识资本积累的溢出效应导致创新成本逐渐降低，提高了知识和技术的创新效率。所以资本的规模收益递增是经济增长的根源，新经济增长理论的出发点就是把知识积累以及资本（物质资本与人力资本）看作经济增长的原动力。该理论的代表人物有阿罗（1962）、罗默（Romer，1986，1990）、卢卡斯（1988）和斯科特（Scotter，1991），经济的持续增长也是知识溢出效应的体现之一。

3.1.1.3 新经济地理学的地理溢出理论

新经济增长理论强调科学技术的内生性与规模报酬递增，为创新型城市的形成与演化提供了更好的解释力，但这些理念仍然是时间的，而非空间的。20世纪90年代，以克鲁格曼等（1991）为首的经济学家将空间引入新古典经济学模型，在不完全竞争和报酬递增的假设下，解释了经济活动的空间集聚，被经济学界称为"新经济地理学"，被地理学界称为"地理经济学"。

新经济地理学强调区域经济主体之间的相互作用与联系过程中所产生的空间知识溢出即可以降低经济主体的生产成本，借助空间报酬递增效应，推动整体区域的快速发展。报酬递增是一个区域与空间现象，具有明显的地理边界范围的空间报酬递增特征，不同程度的知识溢出效应也是造成区域经济差异的重要原因。

克鲁格曼的核心—边缘模型为我们解释了现实生活中聚集现象这个黑匣子的内在机制，使我们认识到了经济活动发生空间聚集导致区域不平衡的原因在于区域之间存在一种非均衡力。这种非均衡力一是表现为聚集力，也称为向心力。二是表现为分散力，也称为离心力。这两种作用力的产生来源于区域经济活动中的"市场接近效应""生活成本效应"与"市场拥挤效应"。聚集力包括市场接近效应和生活成本效应，来源于局部的外部性，如劳动力市场池、技术溢出和商品贸易，强调租金的外部性是导致核心—边缘结构的主要作用力。而分散力主要是市场拥挤效应，如城市的拥堵、就业竞争较强而导致的一种分散力。新经济地理将空间的因素纳入到了经济分析框架中，就必须考虑空间所产生的成本问题，即贸易成本。贸易成本的降低强化了要素的流动性，各种要素因市场接近效应和生活成本效应开始向要素回报率高的地方转移，一方面，在区域内表现为资源的重新配置；另一方面，在区域之间表现为生产要素流向经济发展水平较高的地区，从而形成集聚的空间特征。要素流动的过程就是资源重新配置的过程，向市场规模较高区域的转移形成核心区，随着市场开放度的进一步提高，核心区中创新能力和竞争力较弱的企业因市场拥挤效应被淘汰，使得核心区资源进一步得到优化，城市发展质量得到提高。

3.1.1.4　世界城市理论

在传统的城市研究中，主要的研究视角是城市内部产业发展和城市对腹地的功能辐射与资源吸纳，科技创新与知识创新通过向邻近地区进行空间扩散形成了创新热点区，证明了地理空间的邻近性对知识溢出效应和科技创新的作用。但自 20 世纪 80 年代开始，在工业化的基础上进入了全球化背景下的知识经济时代，高新技术特别是信息技术在全球化的浪潮中取得了飞速发展，极大缩小了生产要素在地理空间上的距离，强化了生产要素之间的联系与相互作用，形成了在全球城市体系中作为金融资本的空间节点与人力资本集散地的世界城市。相比其他城市，世界城市具有高速发达的基础设施与较高水平的信息化程度，在所在区域内乃至全球范围内与其他城市保持较高的联系度。知识生产要素具有其特殊的属性，尤其在全球化与知识经济时代，创新要素凭借高速发达的基础设施与高水平的信息技术克服了地理空间距离，加快了创新要素的相互作用与流动。作为创新要素集散地的创新型城市与世界城市相似，更倾向于与创新水平较高的创新城市进行创新要素的流动与交换，通过创新要素之间的相互作用形成以创新型城市创新网络体系，确定了创新型城市在全球与国家创新体系的地位与作用。鉴于此，研究对创新型城市进行识别与判定时，可借鉴世界城市及其体系的研究理论与方法。

在世界城市理论中卡斯特尔等（Castel et al., 2001）提出的"流空间"理论，可以解释不需要地理邻近，而通过创新要素的流动来获取创新资源，通过关系溢出来提高经济的整体水平。流空间理论首先区别于传统地理学与经济学思维，强化了区域空间相互作用的强度与广度，消除了部分摩擦对空间相互作用的制约，降低了交易费用，改善了传统空间相互作用理论中的可达性，产生了新的要素流动集聚与扩散的条件，地区之间的相互联系促使该区域获得更多的资源与区位优势。流空间理论并非排除地方空间的存在，相反，地方空间成为流空间中的网络节点，形成了流空间与地方空间并存交织的空间模式，加大了要素之间的流动，通过高效的对外联系获取创新资源，提高了创新效率。

工业化时代城市辐射能力取决于自然地理条件和交通便利的程度，如具有铁路、港口等完善的交通基础设施。而在知识经济和信息化时代，城市的辐射功能取决于人才的集聚度和信息腹地的广度。世界城市理论的流空间理论对传统的城市演化与发展提供了新的视角，从传统的等级城市关系向城市网络的研究范式转向，弥补传统的中心地理论受城市规模限制的缺陷，信息化与全球化时代背景下为诸多城市的创新发展提供了机会与发展潜力。

3.1.2 理论诠释

3.1.2.1 新经济增长理论对创新型城市知识溢出经济效应的诠释

新经济增长理论是由一些持有相似或者相同观点的众多增长模型组合而成的集合，不论是罗默的知识溢出模型还是卢卡斯的人力资本溢出模型都强调了技术进步的内生性以及知识溢出促进收益递增，突破了古典经济学关于技术进步是经济增长的外生因素。

新经济增长理论的主要核心观点之一即认为创新活动中所产生的知识溢出可以促进收益的持续增长。创新型城市作为经济发展变革与城市复兴的典型城市发展模式，其重要特征之一就是创造性资本与人才的集聚，创新型城市正是通过创新要素的集聚与积累所获得知识溢出效应给城市带来经济的持续增长与繁荣。因为知识具有本地溢出效应与空间距离衰减特征，卢卡斯（1993）认为，经济增长最大的地域是大都市区，因为这种紧凑的地理属性会促进交流，提高知识溢出效应。事实上，卢卡斯就已经认为因规模报酬递增而导致的要素的集聚，促使规模较大的城市以及创新型城市更具有生产力。皮特（2000）认为，创新产业与创新文化解决了一直困扰的城市问题，并为城市带来复兴与经济持续增长，同时人们更喜欢选择去大城市获取更多的工作与新知识的机会。新经济增长理论中所强调的知识溢出可以解释创新型城市作为经济持续增长的经济中心，表现为人均GDP 超过一万美元，且大多数创新型城市来自世界或者国家的经济中心城市并多出现于发达地区和交通便利的城市。创新型城市作为创新中心与增长极，其经济的繁荣很大程度上取决于城市中知识的积累及相互作用，在这过程中知识溢出是提高城市经济持续增长的主要作用力。

但是在新经济增长理论中，因为将知识生产要素作为可以自由扩散溢出的公共产品，即没有考虑技术扩散的时间和空间因素，不能解释为什么创新要素总集聚在少数城市中，且并非每个城市都可以成为创新型城市。

3.1.2.2　新经济地理学对创新型城市创新集散功能的诠释

新经济地理学在区域创新中的应用大多基于解释创新活动在区域的分布中所表现出的时空差异的特征。随着知识创新能力成为世界各经济体的主要竞争力，越来越多的研究发现创新活动在地理空间上呈现集聚的特征。因为隐性知识更需要经过面对面的交流，即地理邻近性对隐性知识传播具有重要的影响，也是造成了知识溢出具有随空间距离增大的衰减本地溢出效应的特征。因为知识是不同于传统的劳动与资本要素，部分排他性与竞争的知识属性使知识再创造过程中可以被其他人使用，并不用支付一定的报酬与补偿。由于知识资本存在本地溢出效应导致的集聚，同时再加上知识的溢出效应导致本地创新成本下降形成集聚力，那么总的集聚力要大于市场拥挤效应的分散力，在空间上形成了核心—边缘空间结构。知识溢出效应是创新活动空间集聚现象与规模报酬递增的主要解释变量，同时也是显现创新在空间的"非中性"特征的主要机制。新古典经济学的鼻祖马歇尔（1920）最早发现经济活动空间集聚的现象，后来熊彼特（1991）将集聚与创新联系起来，认为创新不是孤立的事件，并且不在时间上均匀分布，而是在空间上趋于集聚且具有时间滞后效应。克鲁格曼发现知识的流动更容易在小距离范围内，所以知识密集型产业更能形成空间集聚，解释了创新活动在空间上形成的集聚以及非中性的特征，相应也解释了创新要素高度集中在少数经济发展较为成熟的城市。杰费等（1993）通过分析专利引用的地理空间分布状况发现，知识溢出的存在是城市创新活动的空间集聚的主要原因。费尔曼和奥德斯（1996）研究发现，以为地理邻近性的空间集聚可以降低创新活动的风险与创新成本，促进了集群创新网络的发展和产出的增长。新经济地理理论解释了创新型城市创新要素空间集聚现象，同时也解释了地理邻近性与知识溢出相互作用关系，从而更容易理解为什么创新型城市周边地区创新水平与经济发展也较好，以及创新型城市的形成对城市创新差异产生的影响。

3.1.2.3 流空间理论对创新型城市在创新网络节点支配功能的诠释

在知识经济时代，创新要素在区域之间的流动对区域经济与创新的发展起到重要的作用。创新知识的区际溢出加速了创新空间的相互作用，以创新型城市为辐射源在知识溢出的作用下形成了超越边界的创新热点区与冷点区。知识溢出效应的空间衰减过程促成了创新行为在少数区域地理集聚或在邻近区域成堆分布的重要空间表现形式。

但是在知识经济时代与全球化背景下，创新作为城市越来越重要的职能与城市发展的动力，在全球城市创新体系中城市创新之间的关系具有新的特点，不能用距离衰减的知识溢出效应属性来限制解决 21 世纪问题的思路。全球化是创新型城市得以发展的宏观环境，全球化背景下知识资本、技术及人才等创新要素的快速流动推动了越来越多的城市成为全球城市创新网络中的重要节点的进程，这些创新网络节点城市在创新要素全球化流动的过程中具有组织控制作用，从而成为全球具有影响力的创新中心。在知识经济时代与全球化背景下，城市地位的变化更多地依赖其在全球创新网络中的联系和对其他节点城市的作用程度，城市与城市之间的关系更多地表现为有效合作与协同竞争，创新型城市借助创新网络溢出效应获取新的创新资源，使城市经济结构得到优化并提高城市的创新能力。流空间理论强调了城市的地区优势和信息流动，通过创新要素的流动产生了新的区位优势，从而形成具有全球影响力的创新型城市。

创新型城市是世界城市形成的前提，大多处于世界城市网络中的可持续发展的大都市均凭借较高的知识吸收能力融入全球化网络结构中，获取全球创新资源。通过生产要素在全球化的配置，促进科学和技术知识在全球范围内的流动，其所产生的知识溢出效应为发展中国家的创新型城市实现跨越式发展提供了新的机会。万钢（2007）强调自主创新能力主要体现在创新主体与技术创新与产品创新的主导权，不是创新技术的来源。如何积极融入全球创新网络，有效利用外部创新资源是评价城市创新能力的重要方面，也是未来创新型城市建设实践的重要方面。所以真正意义上的创新型城市不仅充当了知识溢出的供给者，起到辐射带动作用，还充当了知识溢出的接受者，在全球化与信息化大浪潮中主动融入世界创新网络，获取创新资源，提高创新能力。基于网络节点的创新型城市空间体系本身为一种特殊的城市空间结构，不能简单地运用增长极理论、点轴开发理论、核心边缘理论等传统空间结构理论来加以解释。

知识溢出作为解释创新型城市经济持续增长、要素集聚的因素，也是解释创新型城市与周边城市以及与世界创新城市之间相互作用的切入点，知识溢出可以加速城市创新网络的形成，有利于加强网络成员的彼此联系，通过网络的关系溢出，弥补知识扩散效应的空间阻尼，获取远距离、高水平的国际创新资源。在提高自身创新能力的同时，通过地理空间的溢出效应提高区域、国家整体创新水平。创新型城市的知识溢出效应是有关创新型城市知识存量、经济持续增长、知识流动能力等有关因素的集成，是解释创新型城市功能发挥的重要解释变量。

创新型城市的研究是国家、区域系统理论进一步的进程与发展，也是城市系统理论的一个重要实践。创新型城市的相关研究大多延续了国家、区域系统理论上的思想，并开始注重城市系统理论在创新型城市研究上的应用，完善的创新系统是创新型城市的核心特征，是多种创新主体之间相互而形成的知识与技术集聚扩散的网络系统。在全球化与知识经济时代，创新型城市是推进城市社会经济发展、解决城市问题的关键，同时也是提升区域、国家整体创新能力引擎。融合创新系统理论，通过新经济增长要素的空间知识溢出理论、新经济地理学地理溢出理论、世界城市理论流空间理论，基于知识溢出效应视角解释创新型城市的外部功能发挥对区域、国家整体创新水平的影响，也揭示了创新型城市在城市创新空间格局中的表现形式以及其功能发挥理论机制，形成了知识溢出效应的创新型城市的理论架构，见图 3 - 1。

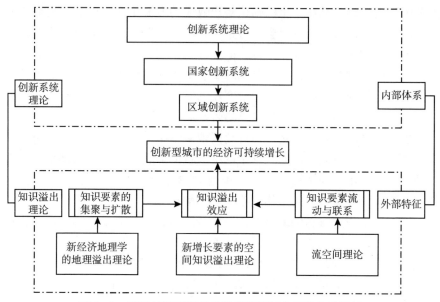

图 3 – 1　基于知识溢出效应的创新型城市理论体系框架

3.2　创新型城市识别的理论模型构建

　　创新城市在城市创新体系中扮演着创新中心的增长极功能，即通过极化效应、扩散效应与支配效应对区域创新活动产生组织作用，提高自身自主创新能力与区域创新的整体水平。以上所提及的创新型城市知识溢出空间效应是创新型城市创新功能发挥的外部体现，而经济持续的增长与发展是创新型城市建设的初衷与其内部本质特征的体现。

　　在梳理创新型城市形成与演化的历史脉络的基础上，发现创新型城市的出现首先是因为过度的城市化所产生的城市问题导致城市的衰退与经济的疲软，需要采用科技创新的手段来促进城市的经济增长，使城市得以复兴。有效的科技创新与高科技成果转化率是促进经济增长的重要方式，也是经济持续增长的内生因素，因此经济增长是创新型城市的本质结果与建设目标的体现之一。本书从知识溢出的视角来识别创新型城市，探析创新型城市的功能发挥机制。即认为真正意义上的创新型城市可以有效地利用知识溢出效应来发挥创新型城市的外部功能，提高创新效率，完善创新系统，保持城市经济增长。创新型城市的形成与发展所表现的外部性是创新增长极系统循环累积因果关系过程中阶段性的体现。创新要素的集聚是创新型城市建设初期阶段的体现，当创新型城市发展较为成熟，城市中社会创新资源集聚和创新企业孵化到一定的程度后，开始反哺周边的区域创新与经济，产生创新扩散效应。但是在创新扩散的过程中，因其邻近城市较弱的知识吸收能力，致使创新型城市的知识溢出的空间扩散效应无法得到有效利用。在全球化时代背景下，凭借高水平的人力资本与完善的交通基础设施来克服地理空间的限制，与知识创新能力较高的城市进行创新的合作与联系，形成创新网络，从而通过创新网络的溢出效应接触并获取新的创新资源、降低创新成本、提高城市创新能力以及其在区域、国家创新体系中的影响力。

　　创新型城市的创新集聚、扩散与支配功能发挥所产生的知识溢出效应是创新型城市经济持续增长的内生推动力，且为知识的流动与创新网络的形成提供了源动力。本书改进了代明（2010）知识集散 AID 模型，加入了全球化背景下知识流动所带来的网络溢出效应，构建基于知识溢出效应的创新型城市识别模型，用于刻画创新型城市知识溢出所表现的外部特征与内部特征循环累积因果的过程，解释创新型城市的功能发挥机制与影响机理。

　　图 3 - 2 显示了创新型城市的创新要素的集聚（A/Agglomeration）、扩散（D/Diffusion）、网络枢纽支配（N/Node）三种主要功能的发挥与城市经济持续增长（GDP）的一种循环累积，相互促进与体现的过程。

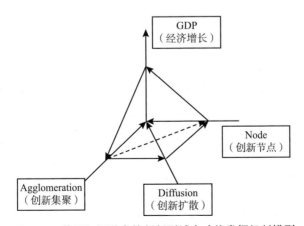

图 3 - 2　基于知识溢出的创新型城市功能发挥机制模型

经济增长的规模效应为创新要素的集聚提供了有利环境，促进了创新要素的集聚，形成了创新型城市，在城市创新空间格局中形成了创新极化（A/Agglomeration）的空间组织特征。在创新要素集聚的过程中，完善的创新系统对创新资源进行有效配置，淘汰已有的创新要素并扩散到其周围具有较强知识吸收能力的城市并得到了有效利用，提高了周边城市与区域创新的整体水平，发挥了创新型城市的创新扩散功能（D/Diffusion），产生知识溢出扩散效应，在城市创新空间格局中形成了创新热点区与空间集聚特征。创新型城市创新要素的支配功能具体表现为两个方面：第一，当创新型城市开始发挥创新扩散功能时，因其周边的邻近城市知识吸收能力较弱，无法有效吸收创新型城市升级与转移的创新资源，导致创新型城市在全球化背景下选择与相似创新水平的城市进行合作与交流，从创新集聚功能直接演变为创新支配功能。第二，创新型城市为了保持创新能力与经济水平的持续增长，发展为具有全球影响力的世界城市，开始加大交通基础设施与信息技术的投入，凭借发达的交通基础设施与高水平的信息技术克服地理空间距离的限制，获取新的创新资源，并有效利用国际创新资源提高自身的创新水平与国际影响力，发挥创新型城市网络节点的支配功能（N/Node），在城市创新空间格局中表现为多创新中心的创新网络空间节点特征，这时的创新型城市既具有创新扩散功能也具有创新要素的支配功能，在创新型城市体系中具有较高的地位与影响力。与此同时，创新型城市创新要素集聚产生的知识溢出促进了城市的经济增长，创新扩散功能为创新资源进行优化配置提高了创新效率从而促进了经济增长，创新要素的支配功能获取了新的创新资源，提高了创新型城市创新能力与经济水平。所以创新型城市的内部经济持续增长特征与其功能发挥是循环累积、相互促进与体现的过程，知识溢出效应是创新型城市功能发挥以及形成中国城市创新空间格局特征的主要影响机制。创新型城市是在知识经济时代以创新驱动城市发展的一种模式，以科技创新驱动其经济增长是创新型城市的重要表现之一。新经济增长理论将知识和技术的溢出作为经济内生增长的驱动力，因为知识溢出具有本地化特征，随着知识资本的积累很容易在空间上形成空间极化特征，空间集聚作用减小了创新成本并加速了经济的持续增长。知识与技术作为公共产品具有部分竞争性与排他性的特征，它不仅可以被当地的知识和技术的创造者运用，也可以通过空间距离以及信息距离被其他地区运用，促进其他地区的经济增长，这种知识与技术的空间距离的扩散以及流动，在空间上形成了空间集聚与多中心网络化的空间特

征，并且产生的知识溢出加速了其他地区的经济增长，提高了区域整体的
经济水平。所以传统的新经济增长理论忽略了空间对经济增长的影响，创
新型城市的主要核心功能为知识创新的集聚、扩散与创新网络枢纽支配功
能，在其核心功能发挥作用时由于知识的积累、扩散与流动所产生的知识
溢出效应形成了创新极化、集聚与多中心网络化的创新空间格局特征，也
是其经济增长的重要原因。知识溢出与知识溢出所产生的空间效应既是促
进经济增长的内生驱动力，又是解释中国城市创新空间格局形成的原因，
可以通过知识溢出的空间效应来识别具有发挥核心功能的创新型城市，并
且利用创新型城市知识溢出的经济增长效应来验证识别结果。

　　本书认为，创新型城市在城市知识创新空间格局中表现为创新极化、
集聚与创新网络节点的空间特征，也是发挥其核心功能过程中产生知识溢
出效应的体现与集合，是创新型城市知识溢出的空间效应的结果，即知识
溢出效应是创新型城市功能发挥以及形成中国城市创新空间格局特征的主
要影响机制。

　　因此本书在下一模块内容中会基于知识溢出的创新型城市功能发挥机
制模型来识别中国创新型城市。首先，在实证过程中探析中国城市创新空
间格局特征以及知识空间溢出效应的存在。通过中国城市创新空间格局特
征识别在空间上表现具有创新的空间极化、集聚与多创新中心网络节点特
征的城市。根据中国城市创新空间格局特征初步识别为具有创新集聚、扩
散与创新网络枢纽功能的创新型城市并进行功能效应验证。其次，将空间
因素纳入经济增长模型来验证发挥核心功能的创新型城市也具有经济增长的
持续特征，用来验证基于知识溢出的创新型城市识别模型假设的正确性。

第 4 章

中国城市创新的知识
溢出效应检验

城市创新不仅受文化等因素的影响，还受周边城市创新地理溢出的影响，面对面的交流是产生并促进知识溢出的重要方式，知识溢出具有空间局部性特征，对城市创新活动的影响随着空间距离的增加而衰减，并对创新活动的空间分布产生重要影响，进而影响创新产出的空间结构。在基于知识溢出效应角度识别中国创新型城市之前，首先了解中国城市创新的空间分布特征与组织形式，考察城市创新的空间格局特征进而判断我国城市创新之间是否存在知识溢出效应，并验证知识溢出效应是形成中国城市创新空间格局的主要原因，从而为识别中国创新型城市提供实证基础与识别依据。

4.1　数据来源与研究区域

4.1.1　数据来源

选择中国 286 个地级及地级以上城市为研究单元，并将 286 个地级及地级以上城市按照所在区域划分为东、中、西三个区域。东部城市包括北京、天津、上海、辽宁（14）、河北（11）、山东（17）、江苏（13）、浙江（11）、福建（9）、广东（21）、海南（2）11 省区市共 101 个地级城市；中部城市包括山西（11）、吉林（8）、黑龙江（12）、安徽（16）、江西（11）、河南（17）、湖北（12）、湖南（13）共 100 个地级城市；西部地区分别包括四川（18）、重庆、贵州（4）、云南（8）、西藏（1）、陕西（10）、甘肃（12）、青海（1）、宁夏（5）、新疆（2）、广西（14）、内蒙古（9）共 85 个地级城市。受行政区调整的影响，在地级及以上城市评估对象中，安徽省巢湖市于 2011 年被撤销，考虑了时间的连续性与指标数据的完整性，未将巢湖市纳入分析对象范围。2012 年新设立的海南省三沙市，由于没有统计数据也不在分析单元范围内。

较多文献研究采用发明专利数、规模以上企业项目研发数、新产品成交额等作为衡量城市创新产出的指标。本研究数据选择 2006～2014 年 286 个中国城市的发明专利受理数作为衡量每个城市的创新产出指标，主要基于以下原因。一是本章研究目的是探析中国城市创新产出空间格局特征，而城市是人类发明的熔炉，从地理布局看，专利发明主要发生在城市中，美国城市地区约 92% 的专利是授予城市居民的，专利发明基本为一个城市现象。由于专利属于私人知识（显性知识）可以提供一些关于创新的地理信息，因此专利的空间分布可以提供关于城市创新程度有价值的信息。二是采用专利数据作为创新的代理指标与创新产出指标频繁出现在相关文献中。格里利兹（1990）认为，专利数据在很长时间都被作为创新与技术变革的重要技术来源，弗里德曼和佛罗里达（1994）的研究也证明了专利指标与创新之间存在高度的相关性（r = 0.934）。三是专利数据较其他创新产出衡量指标具有专业的获取渠道，较容易获得且具有准确性。四是根据国家知识产权局对专利的定义，将专利分为发明专利、实用新型专利与外观设计三种类型。在三种专利类型中，发明专利更能反映一个区域长期的科技创新基础与创新水平，且申请受理量更具有时效性。所以采用发明专利申请受理数作为产出的指标来分析中国城市创新的空间分布情况与差异。数据来源于中华人民共和国国家知识产权局（SIPO）专利检索①，以各城市作为申请人（专利权）检索词，公开（公告）日为研究时段，发明类型为中国发明申请，生成检索公式进行检索②。

城市创新空间分布的 GIS 基础底图来源于国家基础地理数据，采用西安 1980 坐标投影系统通过 Arcgis 10.0 建立完成。

---

① http：//www.sipo.gov.cn/zhfwpt/zljs/。
② 公开（公告）日 = ? AND 申请（专利权）人 = (?) AND 发明类型 = ("I") AND 公开国 = (CN)。

4.1.2 研究方法

4.1.2.1 泰尔系数

空间差异是经济活动在空间格局上的一种表现特征，在创新型城市发展初级阶段，由于对创新要素的吸引与集聚产生了空间极化效应，不可避免地扩大了区域创新差异。泰尔系数是衡量区域差异的重要指标，并可以按照一定的标准分组，将差异分解成为组内差异和组间差异，可较为直观地了解到中国创新差异与区域差异的现状与特征。泰尔系数的数学表达式为：

$$T = \sum_{i=1}^{n} \frac{y_{ij}}{y} \ln\left(\frac{y_{ij}/y}{1/n}\right) y \qquad (4-1)$$

$$T = T_b + T_w = \sum_{j=1}^{J} \frac{y_j}{y} \ln\frac{y_j}{n_j/n} + \sum_{j=1}^{J} \frac{y_j}{y}\left(\sum_{i=1}^{j} \frac{y_{ij}}{y_j} \ln\frac{y_{ij}/y_j}{1/n_j}\right) \quad (4-2)$$

$$T_b = \sum_{j=1}^{J} \frac{y_j}{y} \ln\frac{y_j}{n_j/n} \qquad (4-3)$$

$$T_w = \sum_{j=1}^{J} \frac{y_j}{y}\left(\sum_{i=1}^{j} \frac{y_{ij}}{y_j} \ln\frac{y_{ij}/y_j}{1/n_j}\right) \qquad (4-4)$$

其中 T 为中国城市创新的 Theil 系数；n 为地级及地级以上城市单元的总个数；y 指 286 个地级及以上地级市城市发明专利申请量的总量；y_{ij} 为地区的 i 城市占 286 个城市发明专利申请量总量的比重。

4.1.2.2 探索性空间数据分析（ESDA）

为了探究空间知识溢出对城市创新产出空间分布的影响，首先探索城市创新之间是否存在空间相关性从而判断城市创新之间是否存在知识溢出。探索性空间数据分析方法是空间经济学统计方法之一，可以很好地描述空间分布的特征，测度空间相关性程度以及识别非典型性的观测变量。运用全局空间 Moran's I 测度城市创新产出的全局空间自相关程度，Moran's I 的计算可用公式（4-5）表示。

$$I = \frac{n \sum_{i=1}^{n} \sum_{j=1}^{n} w_{ij}(x_i - \bar{x})(x_j - \bar{x})}{\sum_{i=1}^{n} \sum_{j=1}^{n} w_{ij} \sum_{i=1}^{n} (x_i - \bar{x})^2} \qquad (4-5)$$

式（4-5）中，x_i 和 x_j 表示区域要素属性在相邻空间单元上的取值，$\bar{x}$ 为均值，n 为空间单元总数 w_{ij} 为空间权重矩阵，本书分别采用距离倒数的平方矩阵与社会网络矩阵代表各城市创新的空间关系。

4.1.2.3　CSDA—空间回归分析

空间面板回归模型被用作知识生产模型，用来检验创新产出与影响因素的时空关系，并且这种方法可以评估空间相互作用的程度以及空间知识溢出对创新的影响。采用静态与动态的空间面板杜宾模型探析研究时段城市间的知识空间溢出效应对城市产出的作用，城市创新存在知识空间溢出效应，且知识空间溢出效应是形成城市创新空间组织格局的主要原因之一。

4.2　中国城市创新产出空间格局特征

4.2.1　中国城市创新产出分布的空间特征

2006~2014 年中国城市发明专利申请量以年均 11.9% 的增长率逐年上升[①]。由于知识创新具有规模递增效应，因城市知识创新的积累与集聚所产生的知识溢出效应导致城市创新产出于 2010 年开始呈现指数型增长趋势，见图 4-1。

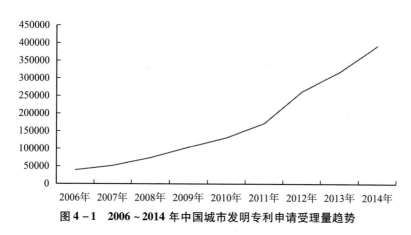

图 4-1　2006~2014 年中国城市发明专利申请受理量趋势

① 根据中华人民共和国国家知识产权局（SIPO）专利检索数据计算所得。

2006~2014 年，城市发明专利申请数量排在前 20 名的城市基本为省会城市和区域中心城市。北京市的专利申请量于 2014 年超越上海位于全国之首，深圳市于 2006 年超越天津市且一直位于全国发明专利申请量的前三名。2006~2014 年，排名前 20 的城市的专利申请总量占 286 个城市的专利申请总量的 70%~80%，但占比呈现逐年下降趋势，于 2006 年的82.8% 下降至 2014 年的 73.8%，可以看出，创新水平较高的城市数量较少，区域创新产出水平差异较大，但已逐渐呈现均衡趋势，见表 4 - 1。

表 4 - 1　　　　2006~2014 年中国专利申请受理量区域分布状况

专利分布	2006 年	2007 年	2008 年	2009 年	2010 年	2011 年	2012 年	2013 年	2014 年
前 20 城市专利申请量占比（%）	82.87	83.90	82.60	82	79.90	78.1	76.60	75.80	73.90
东部城市（个）	13	14	15	15	15	15	15	15	15
中部城市（个）	4	3	3	3	3	3	3	3	3
西部城市（个）	3	3	2	2	2	2	2	2	2

图 4 - 2 显示中国东、中、西三大区域城市创新产出的分布情况，创新产出水平排名前 20 位的城市多位于东部地区。因为知识创新存在较强的空间锁定与黏滞性特征，大多数创新活动集中于少数城市中，且每年基本保持不变。

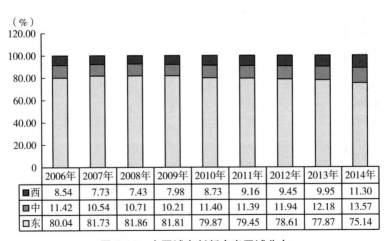

（%）	2006年	2007年	2008年	2009年	2010年	2011年	2012年	2013年	2014年
■西	8.54	7.73	7.43	7.98	8.73	9.16	9.45	9.95	11.30
■中	11.42	10.54	10.71	10.21	11.40	11.39	11.94	12.18	13.57
□东	80.04	81.73	81.86	81.81	79.87	79.45	78.61	77.87	75.14

图 4 - 2　中国城市创新产出区域分布

图4-3显示了2006~2014年东部地区城市专利申请量占全国总量的80％。中部地区各年仅占全国总量的11％，西部地区最少，仅占全国专利申请量的10％左右。东、中、西三大区域创新产出水平存在较大差异。但是从2007~2014年各年的专利申请量增长率水平看，呈现西部地区发明专利申请数增长率＞中部地区发明专利申请数增长率＞东部地区发明专利申请数增长率的发展趋势，区域创新产出差异呈现减小趋势，开始逐步走向均衡。

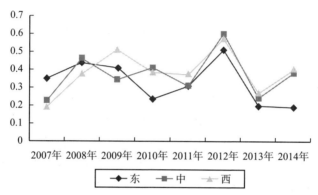

图4-3　中国城市发明专利申请量增长率区域分布走势

图4-4显示总体上看高于全国发明专利申请受理量平均水平的城市多集中于各省会城市与区域中心城市。发明专利申请受理量高于全国平均水平的城市多位于我国东部地区，2006年有36个城市高于全国发明专利申请受理量的平均水平136件，其中东部地区城市占23个，中部地区分布有7个城市，西部地区分布6个城市。2010年有30个城市高于全国发明专利申请受理量的平均水平600件，其中东部地区占有20个城市，中部地区占有6个城市，西部地区分布有4个城市。2014年有45个城市高于全国发明专利申请受理量的平均水平1372件，其中东部地区分布30个城市，中部地区分布为9个城市，西部地区分布为6个城市。

GIS空间分析中核密度分析法可以反映的是一种空间点位分布的相对集中程度，能够清晰刻画中国城市创新产出的空间集聚与扩散特征，运用Arcgis 10.0软件计算中国城市创新产出的核密度。得到2006年创新活动热点区集中在京津冀城市群、长江三角洲城市群与珠江三角洲城市群等沿海城市以及中部的武汉市。北京市与上海市为创新的极核城市。2010年以

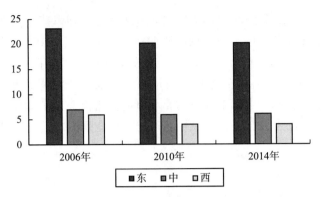

图4-4 高于全国发明专利受理量平均水平城市区域分布

来，上海为核心的长江三角洲城市群创新活动辐射范围逐渐增大，已逐步形成了连片的创新城市群。深圳市逐渐成为珠江三角洲城市群创新的极核城市，西安市与重庆市开始逐渐发展为西部地区创新极核城市。2014年，京津冀城市群、长江三角洲与珠江三角洲城市群创新热点区的辐射范围持续加大，以上海为创新极核的长江三角洲城市群创新扩散较为明显，邻近上海的苏州市、南通市等逐渐呈现创新极核发展的趋势。以深圳市为创新极核的珠江三角洲城市群中的深圳市带动周边的中山市、东莞市等中小型城市的创新发展，扩大了城市群的创新范围。2014年，东北地区的哈尔滨市、大连市，中部地区的武汉市以及西部地区的西安市、重庆市、成都市在各区域中开始呈现创新极核的发展趋势。中国城市创新活动的热点区辐射范围逐渐加大，并开始演化呈现出以各省会城市与区域中心城市为创新极核的多中心城市创新空间格局。

4.2.2 中国城市创新产出的空间差异特征

创新知识投入要素具有一定的路径依赖和局部溢出效应的属性特征，会产生创新路径的"锁定"，通过知识的积累与规模报酬递增，创新将会长期锁定在其最初发生的区域。根据城市创新产出的核密度计算可以看出，创新产出水平高的城市具有空间集聚态势，邻近创新增长极的主体比位于其他区域的主体具有更好的创新水平，知识的溢出效应会导致创新的空间依赖，使创新在空间的分布上表现出的空间差异与集聚特征。

对中国城市创新产出的集聚度的测量可以对中国城市创新产出的集聚

程度进行初始判断。采用克鲁格曼（1991）设计的空间基尼系数的公式来
测算中国城市创新产出的空间集聚程度。空间基尼系数公式如下：

$$G = 1/2N^2 \bar{x} \sum_{i=1}^{N} \sum_{j=1}^{N} |x_i - x_j| \qquad (4-6)$$

　　其中 N 是城市的总数，$\bar{x}$ 是专利申请受理量的平均值，x_i 为第 i 个地
区的专利申请受理量，x_j 表示第 j 地区的专利申请受理量，$|x_i - x_j|$ 表示 i
地区与 j 地区之间创新产出差的绝对值。

　　当所有城市的创新产出都保持均衡时，G = 0，Gini 系数达到最小。当
除去一个城市的创新产出以外其他城市的创新产出均为 0，则空间 Gini 系
数最大，且 G = 1。Gini 系数越接近于 1，专利申请量就越在这个区域中保
持空间集中的态势。计算了 2006～2014 年的中国城市的专利和生产总值
的空间 Gini 系数。比较创新产出和经济产出（GDP）的空间 Gini 系数，可
以发现所有的城市创新活动要比经济活动显示出较高的空间集中度，总体上
创新活动要比经济活动具有更高的空间集聚水平。图 4-5 显示 2006～2014
年城市创新产出呈现较高的空间集聚度，空间 Gini 系数平均已达到 0.9 接
近于 1。但是创新活动的空间 Gini 系数从 2008 年开始呈现下降态势，由
2006 年的 0.915 下降到 2014 年 0.865。中国城市的创新产出具有较大的空
间集聚现象，一旦创新活动发生于这个地区，由于地理空间限制与知识黏
滞性属性，创新产出在城市空间范围内具有较强的空间集聚特征。虽然中
国城市创新产出存在较大的差异，但是创新差异逐年呈现缩小趋势，开始
逐渐从集聚缓慢走向均衡。

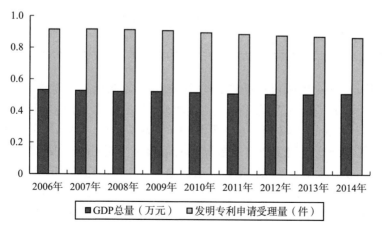

图 4-5　2006～2014 年城市专利申请受理量与 GDP 总量基尼系数

　　运用可分解的泰尔系数对中国城市创新产出的区域差异进行具体分析。表 4 - 2 显示 2006 ~ 2014 年中国城市创新产出总体差异最大值出现在 2007 年，且自 2007 年我国城市创新产出差异的总体水平呈现不断下降趋势。东、中、西区域之间的创新产出的差异大于城市间的内部差异，且区域间的创新差异是形成中国城市创新差异的主要原因，对区域整体创新贡献率最大的是东部地区，超过 50%。中部地区、西部地区虽然总体差异较小，但是西部地区的创新差异逐年扩大并于 2011 年对总体差异的贡献率年超过中部地区，可以判定西部地区的少数城市开始形成创新极核城市，产生创新极化效应，扩大了西部地区的城市创新差异。

表 4 - 2　　　　　　　　2006 ~ 2014 年中国城市创新产出泰尔系数

年份	总体泰尔系数	东部地区		中部地区		西部地区		区域间		区域内
		泰尔系数	贡献率	泰尔系数	贡献率	泰尔系数	贡献率	泰尔系数	贡献率	泰尔系数
2006	0.434	0.291	66.993	0.039	8.970	0.030	6.902	0.360	82.864	0.074
2007	0.437	0.292	66.971	0.035	8.082	0.028	6.508	0.356	81.561	0.081
2008	0.430	0.286	66.475	0.036	8.263	0.028	6.412	0.349	81.150	0.081
2009	0.423	0.280	66.366	0.031	7.305	0.031	7.225	0.342	80.896	0.081
2010	0.391	0.252	64.317	0.033	8.399	0.033	8.446	0.318	81.162	0.074
2011	0.371	0.234	63.030	0.030	8.135	0.035	9.373	0.299	80.538	0.072
2012	0.355	0.221	62.065	0.030	8.530	0.035	9.887	0.286	80.481	0.069
2013	0.344	0.210	61.224	0.030	8.676	0.037	10.630	0.277	80.530	0.067
2014	0.329	0.197	59.808	0.034	10.177	0.041	12.321	0.271	82.306	0.058

　　2006 ~ 2014 年城市创新产出总体泰尔系数与区域间泰尔系数均于 2009 年后呈现明显的下降趋势，城市间创新产出差异小于区域间创新产出差异，东部地区整体创新产出差异呈现下降趋势，中、西部地区的差异均较小，但西部地区创新产出的差异具有明显的上升趋势。从 2006 ~ 2014 年各地区差异贡献率的均值来看，西部地区对中国城市整体创新产出差异的贡献率次于东部地区，中部地区最小。可以初步判定起到创新扩散作用的创新型城市较多产生于东部地区，使东部地区的城市创新产出差异逐渐缩小，开始呈现均衡发展趋势。具有集聚与极化效应的创新极核城市逐渐

出现在中部与西部地区，西部地区更加明显，具有创新要素集聚效应的创新极核城市拉大了中部与西部地区的城市创新差异，是造成西部地区城市创新差异的主要原因，见图 4 - 6。

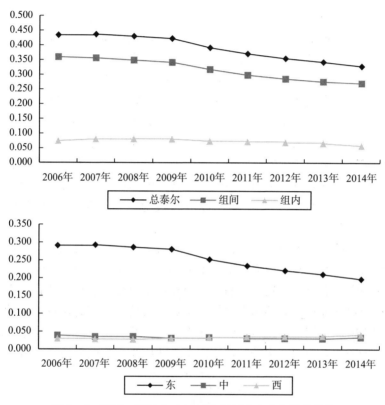

图 4 - 6　2006～2014 年中国城市创新产出泰尔指数趋势

4.2.3　中国城市创新产出的空间关联特征

在采用 Moran's I 对中国城市创新空间相关性进行检验之前，首先需要构建各城市间的空间权重矩阵。空间权重矩阵是用来描述空间相互作用关系的，运用矩阵来获取研究单元之间空间的相互关系，传统的空间权重矩阵有相邻距离矩阵、距离矩阵与负指数距离矩阵。相邻距离矩阵是根据地图上所研究区域的相对位置是否是相邻的来决定，用"0 - 1"表示。如果空间单元在地理空间单位是相邻的，则用"1"表示，如果空间单元不相邻则用"0"表示空。相邻矩阵的对角线元素为0，相邻元素为1。由于所研究的地理单元是286个地级市及地级以上城市，地理空间不存在连续性，选择相邻矩阵作为描述中国城市创新空间相关性以及知识溢出效应的存在并不恰当。

距离空间权重矩阵，以距离的阈值定义权重。d_{ij}表示两个研究地理单元之间的欧式距离（不一定相邻），d表示设定的空间相关距离的阈值，若$d_{ij} \leq dj$，i城市与j城市的权重即$w_{ij} = 1$，否则$w_{ij} = 0$。同样距离的权重矩阵的对角元素也等于0，因为知识溢出效应受地理空间作用的影响存在局域性特征，会随着距离的增大而衰减。采用安瑟林（Anselin，1988）提出的距离的倒数的空间矩阵即$w_{ij} = 1/d_{ij}$可以说明两个地理单元之间的相互作用随着距离的增加而衰减。不仅仅是地理的邻近性导致两地域单元之间空间的相互作用与知识的空间溢出，两个地域单元通过人流、物流、信息流之间的相互往来所产生的经济关系也会产生知识溢出效应，产生空间的相互作用，动态的外部性在知识经济时代对区域创新的影响将会越来越大。

为了验证城市创新是否存在知识空间溢出效应，以及知识空间溢出效应对城市创新的空间格局形成所产生的影响，基于詹姆斯（James，2010）等将知识空间溢出效应划分为静态空间知识溢出与动态空间知识溢出，构建分别受地理邻近影响的静态空间权重矩阵与受技术邻近性影响的动态空间权重矩阵。采用平方距离的倒数作为静态空间权重矩阵，显示城市间的知识创新的相互作用产生的知识空间溢出效应受地理距离的扩大而衰减。

$$w_{dij} = \begin{cases} 1/d_{ij}^2, & i \neq j \\ 0, & i = j \end{cases} \tag{4-7}$$

d_{ij}为两个城市中心的欧式距离，运用Arcgis 10.0测量得到。

动态空间权重矩阵借鉴林（Lin，2003）解释美国城市创新活动空间相关性所建立的权重矩阵，即认为城市i与城市j之间的创新知识的相互作用同两个城市之间的创新总量与空间距离相关，即技术创新动态空间权重矩阵。

$$w_{fij} = \begin{cases} k \dfrac{Q_i Q_j}{d_{ij}^2}, & i \neq j \\ 0, & i = j \end{cases} \tag{4-8}$$

其中，Q_i与Q_j分别表示城市i与城市j的创新强度，意味着两个城市创新之间的相互作用与两个城市之间的创新强度成正比，城市i的创新强度不变时，如果城市 i 和城市 j 的创新强度更高，两个城市间的相互创新作用就更强。Q_i 与 Q_j 分别用 2006～2014 年每万从业人员专利申请受理量平均数来表示。d_{ij} 表示两个城市中心之间的欧式距离，运用 Arcgis 10.0 测度，调整参数 k 为 1000。动态空间权重矩阵类似于空间相互作用的引力模型，因此也称为创新网络矩阵。知识溢出效应是解释空间相互作用的切入点，通过静态权重矩阵 w_d 与动态创新网络空间权重矩阵 w_f 解释城市创新的空间关系对城市创新空间格局形成的影响。w_d 与 w_f 均由 R3.3.1 软件构建并进行标准化处理。

区位基尼指数只能反映中国城市创新产出的集聚程度，而空间 Moran's I 可以反映城市创新的空间相关性以及空间分布的集聚态势。表 4－3 分别显示了在静态地理邻近空间关系矩阵下与动态创新网络空间关系权重矩阵下中国城市创新产出全局空间 Moran's I。2006～2014 年中国 286 个地级及以上城市在两个空间关系权重矩阵下的空间 Moran's I 均显著大于 0，中国城市创新产出存在显著的空间正相关性，相似创新产出水平的城市与相似创新产出水平的城市不仅在邻近空间分布上呈现集聚态势，且存在跨越地理空间距离的城市创新联系的态势，并且基于动态空间权重矩阵的城市创新产出空间相关性显著大于基于静态权重矩阵的空间相关性，在创新网络关系下，城市创新之间的相互联系更加明显。

表 4－3　　　　　　　　　　中国城市创新产出 Moran's I

空间权重矩阵	空间莫兰指数与 p 值检验	2006 年	2007 年	2008 年	2009 年	2010 年	2011 年	2012 年	2013 年	2014 年
静态距离空间权重矩阵	Moran's I	0.020	0.023	0.028	0.031	0.047	0.066	0.085	0.095	0.087
	p 值	0.049	0.044	0.017	0.013	0.001	0.000	0.000	0.000	0.000
动态创新网络空间权重矩阵	Moran's I	0.081	0.08	0.075	0.066	0.1	0.147	0.19	0.205	0.181
	p 值	0	0	0	0	0	0	0	0	0

知识溢出是解释空间相互作用与空间联系的切入点，知识创新要素的空间相互作用与流动也是知识溢出效应的主要来源，不同的空间关系与相互作用所产生的知识溢出效应大小也不同，根据中国城市创新产出的空间

差异特征与空间 Moran's I 可以证明中国城市创新之间存在明显的空间相关性，呈现出空间集聚与联系的城市创新空间格局特征。

4.3 中国城市创新知识溢出效应检验

中国城市创新产出的空间 Moran's I 已证明在不同的空间关系下，中国城市创新存在空间相互作用与空间联系，所以可以从知识溢出的角度来解释城市创新空间格局特征的形成。

隐性知识受地理空间限制的影响容易产生局域知识溢出效应，加速了创新要素的集聚，拉大了城市创新产出的空间差异，在城市创新空间格局中表现创新极核城市。当创新极核城市发展到一定阶段，不得不开始优化淘汰已有的知识创新成果、优化创新资源、提高城市可持续的创新能力。同时为了缩小空间距离，降低创新成本，多数创新企业选址于邻近知识积累较大、知识溢出能力较强的创新极核城市周边区域，获取利用创新极核城市的知识溢出，降低了创新成本，从而提高了自身的创新能力。创新极核城市的知识溢出效应得到了有效利用并在区域空间范围内形成了超越地理边界的创新热点区。创新极核城市开始演变成为具有创新辐射扩散功能的创新型城市，并且提高了区域整体创新能力。信息时代与全球化的浪潮缩短了"空间距离"，拥有完善的基础设施、信息化水平较高的城市，克服了地理空间距离更多选择技术的接近性，通过技术的邻近性来获取外来的知识资源，提高自身的创新能力。城际间的"用脚投票"已经自发形成了一种城市发展的评价机制，拥有高专业技术的技能工人更喜欢流动到具有可以充分发挥其专业技能公司的城市中，詹姆斯和勒沙杰（James and Lesage，2010）研究发现，区域间、公司间技术的邻近性和相似性比区域间、公司间的地理邻近性对知识空间溢出效应的影响更为重要，并将这种因技术邻近性产生的知识空间溢出效应称之为知识的动态外部性。知识流动的动态外部性凭借完善的基础设施与高水平的信息技术克服了地理距离的限制，凭借技术创新的邻近性获取了创新城市的知识溢出，提高了自身的创新能力。所以城市创新的差异与空间集聚程度呈现下降趋势，提高了跨越城市边界的知识扩散能力，使城市创新的空间格局呈现了网络化的发展趋势。在知识经济时代，知识静态外部性与动态外部性产生的集散效应与网络溢出效应，形成了趋于极化与多中心网络化的城市创新空间格局特征。

4.3.1　模型的构建与变量选择

知识生产过程就是指知识创新，也就是科学发现与技术发明。罗默（Romer，1990）与琼斯（Jones，1995）提出的知识生产函数均认为知识存量是知识生产函数的重要基础，综合现有研究认为，知识创新产出受到研发投入的资本、人员以及现有知识存量的影响，参照 Romer – Jones 知识生产函数建立本研究的基本模型：

$$\dot{A} = BK_A^{\beta}L_A^{\gamma}A^{\theta} \tag{4-9}$$

其中，$\dot{A}$ 为新产出的知识，A 为知识存量，K_A 和 L_A 为研发部门的资本投入和劳动力投入，$B>0$ 为转移参数，$0<\alpha<1$，β、$\gamma \geqslant 0$，知识创新产出具有时间滞后性，所以借鉴 Romer – Jones 知识生产函数建立如下的柯布—道格拉斯城市之间的知识生产函数。

$$P_{it} = e^{a0}K_{it}^{a1}L_{it}^{a2}A_{1it}^{a3}Z^{a4}e^{\varepsilon i,t-\theta} \tag{4-10}$$

其中，P_{it} 表示知识生产的产出，考虑到知识生产周期，把第 t 年的产出看作第 $t+1$ 年的知识生产的结果。K_{it} 表示各个城市知识研发资本的投入，用各城市市辖区的年度科技经费支出（单位为万元）表示。L_{it} 表示各城市知识研发劳动力的投入，用各城市的科技活动人员来表示。由于知识有显性知识与隐性知识之分，将专利申请受理量作为可测度的知识存量 $A_{1,it}$，采用永续盘存法具体计算公式如下：

$$A_{1,it} = (1-\tau)A_{1i,t-1} + P_{t-1} = \cdots = (1-\tau)^tA_1 + \sum_{i=1}^{t-1}(1-\tau)^{i-1}P_{t-i} \tag{4-11}$$

$$A_1 = P_1/g + \tau A_1 \tag{4-12}$$

其中 A_1 为基期的知识存量，g 为 P_1 为年增长率的算术平均值，τ 为知识的折旧率，参考邓明、钱争明（2009，2013）的方法将技术的平均使用年限 14 年的倒数值 0.0714 作为折旧率 τ 的取值，代入公式（4-11）、（4-12）中，计算出中国地级及以上城市可测度的知识存量 A_1。Z 为影响知识产出的控制变量的集合。

$$Z = (ILQ_{it}, KLQ_{it}, A_{it}, H_{it}, Mp_{it}, Transportation_{it}, Internet_{it}) \tag{4-13}$$

ILQ_{it} 与 KLQ_{it} 分别表示 i 城市第 t 年传统工业产业集聚与知识密集型产

业集聚对创新产出的影响。本书认为，知识溢出效应会对城市创新产出产生促进作用，并且是导致中国城市创新差异的主要原因。因为知识溢出具有随距离增加而衰减的特性，知识溢出存在空间局限性，产业集聚以面对面交流提供便利性并促进知识溢出的产生，从而提高创新产出，并产生创新的空间集聚现象。采用区位熵测度产业集聚程度。

$$ILQ = (P_{ij}/P_i)/(P_j/P) \qquad (4-14)$$

其中，P_{ij} 表示 i 城市第二产业的就业人员，P_i 表示 i 城市的所有就业人员，P_j 表示中国第二产业所有就业人员数量，P 表示中国所有从业人员数量。

运用区位熵测度基于不同类型知识密集产业的集聚程度，来衡量知识型产业集聚程度。选择知识密集型服务业作为基于知识的产业，因为知识密集型服务业可以促进企业之间的知识交换与扩散，并且偏爱聚集于大都市。依据我国 2002 年修订的《国民经济行业分类》（GB/T 4754—2002）第三产业统计门类，结合相关文献研究，选择信息传输、计算机服务和软件业从业人员数（万人），金融业从业人员数（万人），租赁和商业服务业从业人员数（万人），科研、技术服务和地质勘查业从业人员数（万人），教育业从业人员数（万人）作为基于知识型产业，区位熵方法测度各城市基于知识型产业的空间集聚水平。

$$KLQ = (KP_{ij}/P_i)/(KP_j/P) \qquad (4-15)$$

其中，KP_{ij} 表示 i 城市知识密集型服务业的从业人数，P_i 表示 i 城市的多有从业人员数量，KP_j 表示中国所有城市知识密集型服务业的从业人员数量，P 表示中国所有城市从业人员数量。

卢卡斯（Lucas，1988）强调人力资本是增长的发动机，可提高创新效率与创新扩散。人的聚集与人类活动使城市得以形成与发展，没有人力资本，城市创新无法取得成功。人力资本对吸收知识溢出、促进二次创新起到重要作用，是提高城市创新吸收能力的重要原因。人力资本的测度主要有平均受教育年份、入学率、教育经费、受教育人数占总人口比重、平均受教育年限等。选择每年在校人数当中的普通高等学校和中等学校在校人数比例来衡量人力资本水平。

$$H_{it} = Mid_{it} \times 10/Pop_{it} + Hig_{it} \times 15/Pop_{it} \qquad (4-16)$$

其中，$H_{i,t}$ 为各个城市的人力资本，Mid_{it}、Hig_{it} 以及 Pop_{it} 分别代表中学在校人数、普通高校在校人数以及年末城市人口总数。

$Mp_{i,t}$ 为市场潜能最早由哈里（Harris，1954）提出，市场潜能越大的区域，同市场的距离越近，本身的市场规模也就会越大。创新型城市出现在经济转型升级的时代，雄厚的经济基础可有效促进城市创新。推动外部市场潜力需求不仅对周边城市经济发展有重要作用，同时也是城市创新空间溢出、形成城市创新空间差异特征的重要原因。市场潜能公式可以表示为：

$$MP_{it} = \sum_i Y_i/d_{ij} \qquad (4-17)$$

其中，MP_{it} 为 i 城市的市场潜能，以各城市的 GDP 总量衡量各城市的经济规模，运用 ArcGIS 10.0 测算各城市的市场潜力指数。

$Transportation_{it}$ 为城市 i 的交通便利性指数。知识空间溢出不仅受地理距离的影响，交通便利性作为克鲁格曼强调的地理第二本性对城市创新产出与城市创新差异也会产生一定的影响。选择 3 小时城市间铁路可达性作为各城市交通便利性的衡量指标，以铁路速度为 90km/h 计算铁路的时间成本为 0.67，运用成本距离计算最大范围为 180km，即 3 小时城市间可达性重叠的区域，得到各个城市行政界限范围内铁路 3 小时可达面积，记为 M_i。

运用城市的每天铁路客货运输量作为交通可达性的一部分，得出研究城市铁路的日客货运输量 T_i，分别对 M_i 与 T_i 进行标准化代入城市交通可达规模等级 A_i：

$$A_i = mM_i + nT_i \qquad (4-18)$$

m、n 分别为 3 小时城市铁路交通可达性和每日铁路客货运输量比重，分别取 $m=0.6$，$n=0.4$。求出各城市最终的交通可达规模等级 A_i。

$Internet_{it}$ 为各城市的信息化指数，主要考虑信息化程度对城市创新产出的影响，具体可以从通信、网络的硬件基础设施等方面进行衡量，采用国际互联网用户数（户）作为衡量各个城市信息化的程度。表 4-4 显示了所有变量的定义与描述。

表 4-4　　　　　　　　　　　变量的定义与度量

变量	符号	定义与度量	单位
知识生产产出	P_{it}	各城市专利申请受理量	件
知识研发资本投入	K_{it}	各城市市辖区的年度科技经费支出	万元
知识研发劳动力投入	L_{it}	各城市的科技活动人员	万人

续表

变量	符号	定义与度量	单位
传统工业产业集聚	ILQ_{it}	区位熵： $ILQ_{ij} = (P_{ij}/P_i)/(P_j/P)$	
知识密集型产业集聚	KLQ_{it}	区位熵： $KLQ_{ij} = (KP_{ij}P_i)/(KP_j/P)$	
人力资本水平	H_{it}	每年在校人数当中的普通高等学校和中等学校在校人数比例： $H_{it} = Mid_{it}10/Pop_{it} + Hig_{it} \times 15/Pop_{it}$	
市场潜能	MP_{it}	市场潜力指数： $MP_i = \sum_i Y_i/d_{ij}$	
交通便利性指数	$Transportation_{it}$	3 小时城市间客货运铁路可达性	
信息化指数	$Internet_{it}$	采用国际互联网用户数	户
静态空间权重矩阵	w_d	$w_{d,ij} = \begin{cases} 1/d_{ij}^2, & i \neq j \\ 0, & i = j \end{cases}$	
动态创新网络空间权重矩阵	w_f	$w_{f,ij} = \begin{cases} k\dfrac{Q_iQ_j}{d_{ij}^2}, & i \neq j \\ 0, & i = j \end{cases}$	

城市创新产出的全域空间 Moran's I 已经证明发明专利申请受理量存在空间依赖性，不可测得的隐性知识由于需要面对面的交流才能产生知识溢出，受地理距离的影响更大，表现出较大的空间依赖性。为了验证空间知识溢出效应的存在，对柯布—道格拉斯城市之间的知识生产函数，即模型4.10 进行改进，加入空间因素，建立空间杜宾模型，并进行对数化处理，得到空间面板杜宾模型（4 - 18），验证中国城市创新产出的知识溢出效应的存在以及对城市创新产出的影响。

$$\ln P_{i,t+1} = \theta_1 \sum_{j=1}^{n} w_{dij}\ln P_{i,t+1} + \theta_2 \ln K_{it} + \theta_3 \ln L_{it} + \theta_4 \ln A_{1,it} + \phi_v \ln Z +$$

$$\tilde{\theta}_2 \sum_{j=1}^{n} w_{ij}\ln K_{it} + \tilde{\theta}_3 \sum_{j=1}^{n} w_{ij}\ln L_{it} + \tilde{\theta}_4 \sum_{j=1}^{n} w_{ij}\ln A_{1,it} + \tilde{\phi}_v \sum_{j=1}^{n} w_{ij}\ln Z + \tilde{\varepsilon}$$

$$(4 - 19)$$

4.3.2　检验结果与分析

运用 2006～2014 年的面板数据建立空间面板杜宾模型，根据埃尔赫斯特（Elhurst，2015）提出空间面板模型的检验步骤，首先，检验城市知识创新产出是否存在空间效应。通过计算 2006～2014 年在地理邻近空间权重矩阵下与创新网络空间权重矩阵下得出城市创新产出的空间 Moran's I 显著大于 0，验证了中国城市创新产出存在空间相关性。其次，判断其空间效应的类型，采用空间滞后、误差拉格朗日检验（LM tests for spatial lag and spatial error model）与稳健性空间滞后误差拉格朗日检验（robust LM tests for spatial lag and spatial error model），判断是空间滞后效应还是空间误差效应。接着运用拉格朗日检验空间固定效应与时间固定效应的显著性判断模型采用空间固定效应还是时间固定效应。最后，通过 Hausman 检验面板模型来判断采用固定效应还是随机效应。

分别对不含空间效应的面板模型进行估计，包括混合效应、个体固定效应、时期固定效应和个体时期固定效应四种类型的面板模型，并通过 LM 检验和 LR 检验空间效应的形式，最后通过 Hausman 检验判定是固定效应还是随机效应。对标准的面板模型采用 OLS 估计，对于含空间面板的模型采用 ML 方法估计。

表 4-5 显示空间滞后与空间误差的 LM 检验和稳健性 LM 检验大多通过了显著性检验，说明不仅存在空间相关性，还存在空间异质性。同时空间效应不能完全被空间滞后项与空间误差项解释，采用空间杜宾模型来检验假设是合理的。

表 4-5　　　　　　　　　标准面板模型估计结果

解释变量	混合 效应模型	个体固定 效应模型	时期固定 效应模型	双固定 效应模型
知识研发资本投入 K	0.413 *** (8.357)	0.106 (1.588)	0.274 *** (4.862)	0.127 (1.515)
知识研发劳动力投入 L	0.218 (1.442)	0.465 ** (2.031)	0.272 * (1.820)	0.383 * (1.664)

续表

解释变量	混合效应模型	个体固定效应模型	时期固定效应模型	双固定效应模型
可测度的知识存量 A	0.745 *** (17.304)	− 0.334 *** (− 4.097)	0.664 *** (15.112)	− 0.562 *** (− 6.145)
传统工业产业集聚指数 ILQ	0.466 *** (3.587)	− 0.352 (− 1.390)	0.710 *** (5.461)	− 0.215 (− 0.215)
知识密集型产业集聚指数 KLQ	0.0211 (0.092)	− 0.1357 (− 0.949)	0.0152 (0.065)	0.0152 (0.065)
人力资本水平 H	0.276 ** (2.245)	0.103 (0.430)	0.359 ** (2.968)	0.131 (0.563)
市场潜能 MP	0.649 *** (6.663)	4.571 *** (17.169)	0.526 *** (5.457)	2.025 *** (3.890)
交通便利性指数 Transportation	0.042 (0.531)	0.007 (0.057)	0.107 (1.373)	− 0.052 (− 0.424)
信息化指数 Internet	− 0.0004 * (− 1.765)	− 0.0010 * (− 2.952)	− 0.001 *** (− 4.324)	− 0.001 *** (− 4.518)
R^2	0.587	0.371	0.523	0.032
σ^2	5.999	4.254	5.760	4.183
空间滞后 LM 检验	137.665 ***	71.210 ***	36.690 ***	43.214 ***
空间滞后稳健 LM 检验	45.074 ***	21.978 ***	2.287	9.092 ***
空间误差 LM 检验	109.491 ***	51.265 ***	49.911 ***	37.729 ***
空间误差稳健 LM 检验	16.901 **	2.0324	15.510 ***	3.606 *

注：括号中为 t 值，* 、** 、*** 分别表示在10%、5%与1%的显著性水平上通过假设检验。

接着使用 LR 检验选择模型发现，空间固定效应的 LR 值为820.345 （P = 0.0000），时间固定效应的 LR 值为43.416 （p = 0.0000）。模型的 Hausman 检验值为132.488 （p = 0.000），因此选择时空双固定空间杜宾模型进行回归分析。表4 − 6 显示了时空双固定空间杜宾模型的检验结果。可以看出，基于距离倒数的空间权重矩阵 w_d 以及基于创新网络空间权重矩阵 w_f 的城市知识创新产出的滞后项均显著为正，可以验证中国城市知识创新产出存在较强的空间知识溢出效应，从而造成城市创新集聚与创新差异的主要原因。基于地理距离的城市创新产出的空间滞后项系数大于基于城市创新网络的空间滞后项系数，地理邻近性对周围城市创新产出仍然存在较大的影响，是形成城市创新空间集聚现象的主要原因；基于地理距离的知识生产的资本与劳动力的投入对自身城市创新产出影响不显著，但是知识资本投入的空间滞后项系数显著为正，加大本城市的知识资本投入不仅会对自身城市创新产出具有积极影响，对周边地理邻近的城市也会产生正向的带动作用。采用静态的固定效应空间面板模型可能既没有考虑个体或时间的异质问题，又没有考虑城市创新的动态变化特征，模型变量之间、城市创新网络权重矩阵存在潜在的内生性的问题，从而导致系数估计有偏和不可靠。

表 4 - 6　　　　　　　时空双固定静态空间面板杜宾模型估计结果

静态空间面板杜宾模型	模型 I w_d	模型 II w_f
空间滞后项 ρ	0.301 *** (5.576)	0.254 *** (5.540)
知识研发资本投入 K	0.086 (1.011)	0.104 (1.157)
知识研发劳动力投入 L	0.340 (1.485)	0.404 * (1.653)
可测度的知识存量 A	- 0.504 *** (- 5.300)	- 0.542 *** (- 5.400)
传统工业产业集聚指数 ILQ	- 0.142 (- 0.568)	- 0.164 (- 0.614)
知识密集型产业集聚指数 KLQ	0.136 (0.584)	0.079 (0.321)
人力资本水平 H	0.149 (0.648)	0.136 (0.553)
市场潜能 MP	1.900 *** (3.225)	1.875 *** (3.063)
交通便利性指数 Transportation	0.004 (0.031)	0.002 (0.100)

续表

静态空间面板杜宾模型	模型 I w_d	模型 II w_f
信息化程度指数 Internet	0.4000 *** (−3.180)	−0.001 (−3.588)
W × K	1.007 *** (2.870)	0.404 (0.840)
W × L	1.385 (0.191)	−0.151 (0.881)
W × A	−0.593 * (−1.771)	−0.023 (−0.047)
W × ILQ	−1.847 (−1.598)	−1.785 (−1.250)
W × KLQ	−0.362 (−0.322)	−0.548 (−0.489)
W × H	−1.053 (−1.073)	0.663 (0.633)
W × MP	−2.359 (−1.438)	−0.030 (−0.019)
W × Transportation	−0.446 (−0.961)	−1.142 *** (−3.023)
W × Internet	0.872 (−1.961)	−0.00034 (−0.645)
LOGL	−5441.798	−5460.000
σ^2	4.056	4.642
R^2	0.719	0.716
空间滞后 Wald 检验	18.678 **	14.214
空间滞后 LR 检验	18.439 **	20.089 **
空间误差 Wald 检验	22.561 ***	17.148 **
空间误差 LR 检验	22.283 ***	13.987

注：括号中为 t 值，*、**、*** 分别表示在10%、5%与1%的显著性水平上通过假设检验。

动态空间面板模型既考虑了时间序列里处理个体上的时间序列相关

性，又考虑了个体空间序列的相关性，处理了个体及时间的固定效应问题。因此建立动态面板的空间杜宾模型（模型 4 - 19），检验知识生产中城市创新产出是否存在空间相互影响，即是否存在空间知识产出的溢出效应。

$$
\begin{aligned}
\ln(P_{i,t+1}) = {} & \alpha^0 + \theta\ln P_{it} + \rho_0 \sum_{j=1}^{n} w_{ij}\ln(P_{i,t+1}) + \alpha_1\ln(K_{it}) + \alpha_2\ln(L_{it}) + \alpha_3\ln(ILQ_{it}) \\
& + \alpha_4\ln(KLQ_{it}) + \alpha_5\ln(H_{it}) + \alpha_6\ln(Mp_{it}) + \alpha_7\ln(Transpotation_{it}) \\
& + \alpha_8\ln(Internet_{it}) + \rho_1 \sum_{j=1}^{n} w_{ij}\ln(K_{it}) + \rho_2 \sum_{j=1}^{n} w_{ij}\ln(L_{it}) \\
& + \rho_3 \sum_{j=1}^{n} w_{ij}\ln(ILQ_{it}) + \rho_4 \sum_{j=1}^{n} w_{ij}\ln(KLQ_{it}) + \rho_5 \sum_{j=1}^{n} w_{ij}\ln(H_{it}) \\
& + \rho_6 \sum_{j=1}^{n} w_{ij}\ln(MP_{it}) + \rho_7 \sum_{j=1}^{n} w_{ij}\ln(Transpotation_{it}) \\
& + \rho_8 \sum_{j=1}^{n} w_{ij}\ln(Internet_{it}) + \mu_i + \nu_t + \varepsilon_{it} \quad\quad (4-20)
\end{aligned}
$$

其中 α^0 为常数项，系数 θ 反映城市创新产出的动态特征，ρ_0 是城市创新产出的空间滞后系数，μ_i 是城市的个体效应，ν_t 是城市的固定效应，ε_{it} 服从均值为 0、方差为 σ^2 的独立同分布随机误差向量，其余变量表述与静态空间面板模型一致。由于动态空间面板模型加入了因变量的时间滞后项 $Y_{i,t-1}$，$Y_{i,t-1}$ 与空间个体效应的 μ_i 相关，不符合回归分析的经典假设。为了解决这个问题，采用差分 GMM 的方法将 $Y_{i,t-1}$ 作为工具变量，通过对模型的一阶差分消除空间个体效应，然后基于矩条件得到一阶差分 GMM 估计量，差分的变量将因变量的滞后项及自变量的滞后项作为其工具变量。但是因为差分 GMM 估计量容易受弱工具变量的影响而得到有偏的估计，因此采用博韦尔和邦德（Arellano - Bover and Blundell - Bond，1990，1998）提出的系统 GMM（System GMM）估计方法，在差分 GMM 的方法上引入了水平方程并联立差分回归方程，增加差分变量的滞后期作为水平方程相应变量的工具变量，提高了方程估计结果的有效性。知识存量、研发部门资本投入以及研发部门劳动力的投入对城市创新产出存在内生性，同时将空间效应作为影响因素纳入模型中，其创新网络空间权重矩阵也会在城市创新产出的空间面板回归模型中存在内生性问题，为了解决这个问题，本书采用知识生产投入的三个主要解释变量即知识存量 A、研发部门的资本投入 K 以及研发部门的劳动力投入 L 作为回归模型的内生性变量代入 GMM 系统面板模型中，生成工具变量对城市产出空间面板模型进行回归，结果见表4-7。

表4-7 系统 GMM 动态空间面板杜宾模型

系统 GMM 动态空间面板杜宾模型	模型 Ⅲ w_f	模型 Ⅳ w_f
动态因素 θ	-0.006 ** (-2.10)	-0.005 ** (-2.07)
空间滞后项 ρ	0.056 *** (3.16)	0.038 *** (2.82)
知识研发资本投入 K	0.240 *** (11.91)	0.219 *** (10.76)
知识研发劳动力投入 L	0.162 *** (3.80)	0.195 *** (4.74)
可测度的知识存量 A	0.686 *** (49.91)	0.697 *** (49.42)
传统工业产业集聚指数 ILQ	0.540 *** (10.08)	0.564 (10.79)
知识密集型产业集聚指数 KLQ	-0.127 *** (-3.25)	-0.163 *** (0.32)
人力资本水平 H	0.200 *** (4.54)	0.201 *** (4.70)
市场潜能 MP	0.280 *** (6.18)	0.266 *** (6.22)
交通便利性指数 Transportation	-0.045 * (-1.84)	-0.020 (-0.85)
信息化指数 Internet	0.156 *** (3.71)	0.187 (4.53)
W × K	0.320 *** (3.62)	-0.032 (-0.56)
W × L	0.015 (0.06)	-0.359 ** (-2.08)

续表

系统 GMM 动态空间面板杜宾模型	模型 Ⅲ w_f	模型 Ⅳ w_f
W × A	0.087 (1.26)	0.015 (0.749)
W × ILQ	-1.104 *** (-6.78)	-1.785 (-1.25)
W × KLQ	-0.608 *** (-3.06)	0.179 (1.13)
W × H	-0.392 ** (-2.57)	-0.2655 ** (-2.25)
W × MP	0.941 *** (5.49)	0.910 *** (5.77)
W × Transportation	-0.568 *** (-4.276)	-0.657 *** (-5.44)
W × Internet	0.041 (0.27)	0.017 (0.11)
常数项	-6.694 *** (-3.74)	-2.963 ** (-2.32)
LOGL	-5028.079	-5027.700
σ^2	2.466	2.481
R^2	0.914	0.912
Sargan 过度识别检验	167.869	173.582
LM - error 面板检验	0.078	2.545
稳健的 LM - error 面板检验	56.183 **	24.741 ***
LM - lag 面板检验	0.315	1.385
稳健的 LM - lag 面板检验	56.421 ***	23.580 ***

注：括号中为 t 值，*、**、*** 分别表示在 10%、5% 与 1% 的显著性水平上通过假设检验。

表 4 - 7 显示了中国城市知识创新产出的空间杜宾面板模型系统 GMM 的回归结果，残差项一阶序列不相关，但二阶序列相关，Sargan 过度识别检验表明系统 GMM 模型不存在模型误设问题，选取的工具变量满足外生

性。取城市创新产出的滞后一期作为影响城市创新产出动态因素得到以下结果。

（1）无论是在考虑距离倒数的空间权重矩阵下，还是在城市创新网络空间权重下，城市创新产出的空间滞后系数（空间相关系数）均为显著的正值。可以证明中国城市创新之间存在知识空间溢出效应，一个城市的创新产出受到距离邻近城市以及创新水平相似城市的正向影响，周边城市的创新产出提高 1%，本城市创新产出将会提高 0.05%；创新网络节点城市的创新产出提高 1%，本城市创新产出将会提高 0.038%。

（2）静态空间面板模型的空间滞后系数要远大于动态面板模型的空间滞后系数，因为存在权重矩阵内生性问题，静态空间模型高估了城市创新产出的空间效应创新产出产生的影响。动态空间面板模型的回归解决了变量之间内生性的问题，使回归结果更加稳定与准确，所以系统 GMM 模型比固定效应的静态面板模型更可靠。

（3）城市创新生产是一个动态的演变过程，但是当期创新产出对下一期的城市创新产出具有显著的负向作用，前一期的城市创新产出实际会过多遏制城市新的创新，大量企业从现有的专利库中搜寻，而其他企业则容易产生搭便车行为，习惯沿用以前的技术创新，丧失创新能力。同时也可以证明较高的城市创新产出较多发生于革新的过程中，具有创新能力的城市借助变革与转型带来的机遇，成功转型与复兴。

（4）在城市创新活动中，研发部门的资本投入、劳动力投入以及知识积累均对城市创新产出具有正向的带动作用，但是科技人员投入对创新产出弹性系数要低于科技活动经费投入对创新产出的弹性系数。可能存在以下原因，中国城市科技人员的激励机制不灵活，科技人员的生产效率较低。也可能正因为我国科技经费的投入不够，导致科研人员的科技生产效率降低。2014 年中国地级及地级以上城市市辖区中 R&D 经费支出 1801.74 亿元[①]，占研究城市市辖区的 GDP 总值的 2%，科技经费投入遏制了城市中科技人员的创新潜力与能力，加大科研经费投入是提高城市创新产出的重要因素。知识的积累对城市创新产出具有较强的促进作用，弹性系数要远大于科技资本与人力的投入，知识创新仍然是一个长时期积累的过程，具有较高创新规模效应的城市在创新方面具有较强的优势，更加容易产生新的灵感与新的知识。从结果中可以看出，$\alpha_1 + \alpha_2 < 1$，我国城

---

① 《2015 年中国科技统计年鉴》。

市的知识生产函数属于琼斯知识生产函数，知识生产中仍然处在规模递减阶段，中国城市自主创新能力较弱，科技成果转化率低也是造成知识生产过程中规模递减效应的原因。不同于物质生产，知识生产过程是复杂的，不一定投入较多的科研资本与人力就可以生产相应比率的知识产出，知识生产过程中还受到人力资本、社会资本以及空间知识溢出效应以及城市社会过滤等因素的影响，是一个复杂的生产过程。从控制变量对城市创新产出的影响就可以看出，中国的城市创新产出仍然依赖于专业化的产业集聚，基于知识密集型服务业的集聚效应反而会对城市创新产出产生负面作用。这与魏守华（2008）、时省（2009）的结论相似，针对发达国家与创新型城市，知识密集性服务业可以促进城市创新能力的提高，而对于发展中国家和一般城市，知识密集性服务业的集聚对城市创新的促进作用需要具备较为完善与较为优越的创新环境以及深厚的人力资本水平，现当下中国城市创新产出仍需要借助专业化产业集聚的知识溢出效应来促进城市创新水平的提高。人力资本与市场规模均对城市创新产出具有较强的促进作用，是影响提高城市创新产出的重要影响因素。值得一提的是，中国城市间的交通便利性对城市创新产出具有负面作用，短期内加大城市间的交通便利性对于知识吸收能力弱的城市容易导致创新要素与人才的流失，高质量的人力资本较多集聚在少数城市，因此对于中国城市创新发展现状来看只有少数城市拥有较强的知识吸收能力，所以提高城市间的交通便利性在短时期只会有利于少数经济发展水平高、创新要素集聚的城市。在短时期产生的知识溢出集聚效应会加大区域的创新差异，降低区域整体创新水平。加大互联网等信息化基础设施的建设可以提高城市创新的产出。

（5）知识生产过程中在考虑距离邻近性的空间权重矩阵影响下，加大对周边城市知识资本的投入对本城市创新产出具有正向的作用。而在城市创新网络权重矩阵影响下，加大创新网络中节点城市的知识人力的投入会对该城市的创新产出起到抑制作用，其产生的空间知识溢出效应会造成该城市创新要素的流失。中国城市间的知识创新的竞争要大于城市间的创新协同，在城市创新网络节点城市之间，没有借助知识的空间溢出效应起到协同创新效应，尤其在知识生产劳动力的投入上，科技人员更倾向于选择对自己利益更大、创新环境更好的城市去发展，这样造成了该城市科技人员的流失，反而加大了城市创新之间的竞争性。在只考虑距离邻近矩阵的影响下，加大邻近城市的产业集聚与知识密集型服务业的集聚，对本城市的创新产出会造成负面影响，而对城市创新网络节点城市的影响作用不大。产业的集聚虽然可以加大本城市的创新产出，但知识空间溢出效应容易扩大城市之间的创新差距。相似周边城市如果加大对人力资本的投入，也会影响本城市的创新产出，对相同水平的城市同样也会起到竞争性的作用。在城市创新网络中，城市间的交通可达性的提高会对本城市的创新产出产生负面的影响，因为交通的便利性提高了用"脚"去选择城市的权力，城市间的交通便利性将会拉大城市间的创新差异。周边城市或创新水平相似城市的互联网与信息化水平的提高不存在空间溢出效应，没有对城市创新产出产生影响，但是回归结果显示，互联网信息化的城市创新的空间溢出效应弹性指数为正，也许未来随着互联网、信息化水平、大数据、人工智能水平的提高，创新企业不再借助交通工具就可以获取创新资源，以数据的流动来获得知识的空间溢出效应来提高城市间的协同创新水平。

4.4　小　　结

中国城市创新存在较大的空间差异，相似创新产出水平城市呈现空间集聚特征，且城市创新存在知识空间溢出效应并可以提高城市创新产出水平，可借助地理邻近的知识空间溢出效应与知识创新网络溢出效应促进区域、国家创新的共同发展。

除了增加信息化水平的投入外，在城市创新生产活动中其他创新要素的投入对中国城市创新产出均会产生知识空间溢出效应。加大研发部门的资本投入会提高邻近城市的创新产出，形成创新热点区。加大研发部门的劳动力投入会扩大城市创新产出的差异，形成创新极核城市。加大产业集聚和知识密集型产业集聚均会扩大城市间的创新差异，形成创新极核城市。加大人力资本与交通便利性也会扩大城市间的创新差异。随着中国城市创新的发展，短时期内中国城市创新空间格局将呈现极化与多创新中心的空间特征。城市创新活动所产生的知识空间溢出效应是形成中国城市创新空间格局的主要影响因素，在城市创新空间格局中表现为典型空间特征的城市，在城市创新活动中对周边区域及国家的创新发展影响较大，可初步判断为发挥功能效应的创新型城市。

第 5 章

中国创新型城市识别与功能
发挥机制的实证分析

空间计量的研究方法验证了城市创新存在知识溢出效应且是形成中国城市创新极化与多创新中心网络化空间格局的主要原因机制。而创新型城市不仅具有较高的知识创新能力，同时在知识创新的积累、集聚与知识创新过程中也会产生较强的知识溢出效应，这种知识溢出效应表现在对城市经济的持续增长、对周边区域创新水平的提高和城市创新空间格局的形成。根据新经济增长理论与新经济地理理论，知识溢出效应即解释了创新型城市经济持续增长的原因，也解释了创新型城市的外部功能作用的发挥机制。基于知识溢出效应角度建立中国城市知识创新能力综合评价体系，对识别区域范围内中国城市创新能力进行测度，对城市知识创新能力的综合得分进行时间纵向上的对比分析与横向上的空间比较。通过城市创新知识溢出的空间效应，识别在城市创新空间格局中表现为创新极化、扩散与创新网络节点空间特征的创新型城市。

5.1 中国城市知识创新能力测度

5.1.1 中国城市知识创新能力的综合评价指标体系构建

单一指标的城市创新产出水平只能提供城市创新在地理空间分布的若干信息，验证城市在知识创新活动过程中会产生知识空间溢出效应。知识空间溢出效应既可以提高城市创新产出，又是形成中国城市创新空间格局特征的主要原因。但是创新型城市具有较高的经济水平、雄厚的科技创新实力、良好的城市文化环境等综合特征，所以在识别中国创新型城市之前需要构建城市知识创新能力综合指标体系，测度城市知识创新能力，结合城市知识创新的规模效应，从知识溢出效应的视角识别中国创新型城市。

创新型城市有别于城市创新，并非发生了科技、知识创新活动就可以称之为或建设为创新型城市，还需要对周边城市与区域发挥协同创新功能效应，提高区域与国家的整体创新水平。知识创新能力可以体现创新型城市的知识创新规模，同时也是反映创新型城市的知识吸收能力和知识溢出的渠道，是城市创新综合能力的重要体现。在分析各研究学者、国家组织机构等所构建的创新型城市监测与综合评价体系的基础上，结合创新型城市发展条件与功能特征，构建城市知识创新能力综合评价指标体系，测度中国城市知识创新能力。

表 5-1 显示了城市知识创新能力综合评价体系。指标体系由 12 个三级指标构成。分别从科技创新能力、知识交流能力、经济文化环境三个方面遵循科学性、系统性、可操作性原则，并且选择可以反映创新型城市功能特征的指标对城市知识创新能力进行综合测度。具体如下。

表 5-1　　　　　　城市知识创新能力综合评价指标体系

一级指标	二级指标	三级指标
城市知识创新能力	科技创新能力	城市科研投入（万元/年）
		城市教育投入（万元/年）
		科研技术从业人员（万人）
		城市年度发明专利申请量（项）
	知识交流能力	人力资本
		国际互联网用户数（户）
		交通可达性
		城市年度高质量论文发表量（篇）
	经济文化环境	城市公共图书馆藏书量（万册）
		实际外商投资额（万美元）
		人均劳动工资（元）
		生活垃圾无害处理率（%）

（1）城市科技创新能力。在城市科技创新能力方面主要体现科技创新的投入规模与产出规模。第 4 章验证了科技创新的资本投入与产出均具有知识空间溢出效应，所以选择城市科研投入（万元/年）、城市教育投入（万元/年）、科研技术从业人员（万人）、城市年度发明专利申请量（项）四项指标体现中国城市科技创新规模。

（2）知识交流能力。城市知识交流能力的评价与统计不能脱离与知识经济活动密切相关的知识活动产出、人力资本、交通便利性和信息与通信技术水平。人力资本、国际互联网用户数（户）、交通可达性、选择城市年度高质量论文发表量（篇）测度城市知识的交流能力，体现城市对知识创新的支配功能。

（3）经济文化环境。经济文化环境影响知识创新的应用和知识交流，以及城市对科技、知识创新活动发生的支撑与基础条件。选择城市公共图书馆藏书量（万册）、实际外商投资额（万美元）、人均劳动工资（元）、生活垃圾无害处理率（%）衡量城市对发生创新活动的承载力与对知识创新的吸收能力。

5.1.2　评价方法与研究区域

常见的对城市知识创新能力多指标综合评价的方法主要包括熵值法、因子分析法、主成分分析方法等，这些方法大多基于对截面或者时间序列的数据进行分析。本书采用夸大样本量与增加自由度作用的动态因子分析法对城市创新能力的综合得分进行动态与静态比较。动态因子方法综合了主成分分析的截面结果和线性回归分析的时间序列结果。假设数组：

$$X(I, J, T) = \{X_{ijt}\} \, i = 1, 2, \cdots, I; \, j = 1, 2, \cdots, J; \, t = 1, 2, \cdots, T$$

$$(5-1)$$

其中，i 表示不同主体，j 表示不同指标，t 表示不同时期。对 $X(I, J, T)$ 数组求解器方差或协方差矩阵 S，并将其分解为三个相互独立的方差或协方差矩阵的和。

$$S = {}^*S_I + {}^*S_T + S_{IT} \qquad (5-2)$$

其中，${}^*S_I$ 为主体静态结构矩阵，反映各主体独立于时间维度的相对结构差异；S_T 是各时期的平均方法或协方差矩阵，体现了消除个体影响的时间维度的动态差异。S_{IT} 是个体的动态差异矩阵，代表个体和时间交互作用的方差或协方差矩阵，反映了主体总体平均变化和单个主体变化所导致的动态差异。

动态因子具体的分析步骤如下。

首先对数据进行标准化处理。然后根据各年的协方差矩阵 $S(t)$，求解平均协方差矩阵 S_T，用来综合反映数据静态结构差异和动态变化的影响，具体表现为：

$$S_T = \frac{1}{T}\mathop{E}\limits_{t=1}^{T} S(t) \qquad (5-3)$$

求出 S_T 的特征值与特征向量，以及各个特征值的方差贡献率；最后求出各主体的平均得分矩阵：

$$c_{ih} = (z_i - z_{\#})c * \alpha_h$$

其中 $z_i = \frac{1}{T}\mathop{E}\limits_{t=1}^{T} z_{it}$ 为单个主体的平均向量；$z_{\#} = \frac{1}{I}\mathop{E}\limits_{i=1}^{I} z_i$ 为总体平均向量，$z_{it}^c = (z_{ilt},\ \cdots,\ z_{ijt}^c)$，$i = 1,\ 2,\ \cdots,\ I$ $t = 1,\ 2,\ \cdots,\ T$；$t = 1,\ 2,\ \cdots,\ T$

计算出各主体的动态得分矩阵：

$$c_{iht} = (z_{it} - z_{\#t})c * \alpha_h \quad h = 1,\ 2,\ \cdots,\ k;\ t = 1,\ 2,\ \cdots,\ T$$

其中 $z_{\#t} = \frac{1}{I}\mathop{E}\limits_{t=1}^{I} z_{it}$，$z_{\#t}$ 是第 t 年各指标的平均值。

最后以各主成分所对应的特征值占所提取主成分对应的方差贡献率为权重，计算平均得分 E，$E = \sum d_i f_i$，其中 f_i 为公因子，d_i 是该公因子的贡献率。

根据发展较为成熟的全球创新型城市的分布特征看，全球创新型城市主要集中在经济较为发达、交通便利、经济联系频繁的发达地区。借助城市群较高的经济联系与城市空间紧密关系，更好地发挥创新型城市知识创新的集散效应，提高区域的整体创新水平，从而形成创新型都市圈与城市群。选择现阶段中国大陆地区重点建设的 19 个城市群①中 201 个地级及以上城市为创新型城市识别单元，识别具有较高知识创新能力，并发挥创新集聚、扩散与创新要素支配功能效应的创新型城市。

---

① 在"十三五"规划中，国务院提出将在"十三五"期间建设 19 个城市群，分别为：建设京津冀、长江三角洲、珠江三角洲为世界级城市群，山东半岛、海峡西岸城市群；培育中西部地区城市群，发展壮大东北地区、中原地区、长江中游、成渝地区、关中平原城市群，规划引导北部湾、晋中、呼包鄂榆、黔中、滇中、兰州－西宁、宁夏沿黄、天山北坡城市群发展，形成更多支撑区域发展的增长极。

5.1.3　评价结果与分析

运用 Stata 14.0 软件作为分析工具，采用 2006～2014 年中国大陆地区 19 个城市群中 201 个地级及以上城市的面板数据对城市的知识创新能力进行综合评价，得出 2006～2014 年静态的与时间序列动态的中国城市知识创新能力综合得分，并将综合得分进行可视化处理，观察城市知识创新能力空间分布现状。

高于研究单元知识创新能力平均水平（51.21）的城市有 85 个，其中有 24 个城市分布在长江三角洲城市群、11 个城市位于珠江三角洲游城市群、9 个城市位于京津冀城市群、9 个城市位于长江中游城市群、7 个城市位于山东半岛城市群、6 个城市位于海峡西岸城市群、5 个城市位于哈长城市群、5 个城市位于辽中南城市群、5 个城市位于中原城市群。可以看出，高于全国城市知识创新能力平均水平的城市多分布在我国建设较为成熟的国家级城市群中，并且具有集聚特征。

通过动态因子分析方法对地级市知识创新能力进行综合评价得出结果显示：2006～2014 年高水平的知识创新能力的城市变化不大，知识创新水平排名前四的城市依然是北京、上海、广州与深圳。因为知识创新具有空间黏滞性属性，一旦知识创新活动发生并发展于该区域，在知识创新的过程中所产生的知识溢出效应就会促进其内生的集聚并加速其发展，从而发展成为具有持久创新能力的创新型城市。2006～2014 年中等知识创新水平的城市逐年增多，增长速度快于高知识创新水平城市的增长速度，这些城市大部分邻近高水平知识创新能力城市，是城市创新知识溢出的接收城市，这些城市因为具有优势的地理空间位置和较强的知识吸收能力，表现为较高知识创新能力的增长速度。

表 5-2 显示了城市知识创新能力综合得分排名前 20 位的城市。这些城市具有较高的科技与知识创新实力以及良好的经济社会文化环境，具有一定的知识创新规模效应与知识创新要素的支配能力，发展为创新型城市潜力巨大。

表 5 - 2　　　　　城市知识创新能力综合得分排名前 20 位城市

排名	排名前 20 城市	知识创新能力
1	北京市	100
2	上海市	98. 391
3	广州市	89. 178
4	深圳市	88. 977
5	天津市	87. 240
6	杭州市	85. 347
7	武汉市	83. 491
8	成都市	83. 255
9	重庆市	82. 965
10	南京市	82. 812
11	沈阳市	80. 708
12	大连市	78. 510
13	长沙市	78. 127
14	青岛市	76. 896
15	济南市	76. 806
16	哈尔滨市	76. 383
17	宁波市	75. 783
18	长春市	74. 576
19	苏州市	74. 361
20	合肥市	73. 940

资料来源：基于动态因子法计算得出。

5.2　基于知识溢出效应空间特征的中国创新型城市识别

空间知识溢出效应识别的一个来源为知识的空间依赖性（空间自相关性）。知识创新的空间依赖性可以反映现实中存在的空间交互作用，诸如知识的集聚、扩散与流动等所产生的知识空间溢出效应。空间相关性表现出的空间效应可以用空间误差模型与空间滞后模型来表征与刻画，空间面板杜宾模型也已验证中国城市间的创新存在空间溢出效应，可以提高城市创新产出。城市间的知识溢出效应是形成城市创新空间格局的重要原因，也是创新型城市的示范效应、辐射效应与聚合效应在空间格局上的表现。以此通过知识溢出所带来的空间效应识别在城市创新空间格局中表现为知识创新要素的集聚、辐射扩散与创新网络枢纽节点空间特征的城市为创新型城市。

5.2.1　识别方法

采用探索性空间分析法的第二类工具局部空间自相关，即局部 Moran's I_i，也称为 LISA（local indicator of spatial association）度量城市 i 与它外围城市之间的溢出效应。城市 i 的局部漠然指数用公式（5 – 4）进行计算。

$$I_i = z_i \sum_{j=1}^{n} w_{ij} z_j, \ (i \neq j) \qquad (5 – 4)$$

式（5 – 4）中，z_i 和 z_j 为空间单元 i 和 j 标准化后的观测值。w_{ij} 是行标准化的空间权重矩阵。计算出 I_i 后还需要对其进行统计检验，以确定 I_i 所反映的空间关系是否显著。对空间自相关的统计检验一般采用。当计算得到的 Z 统计量 $Z(I_i) > +1.96$ 或 $Z(I_i) < -1.96$，说明该城市的创新产出具有显著的空间相关性，即显著值 p 值通过了置信度 95% 的检验，存在知识空间溢出效应。

知识空间溢出效应是城市创新空间组织格局形成的重要原因。创新型城市的外部功能体现为对创新要素的集聚、扩散与支配能力。其知识溢出的空间效应表现在城市创新空间组织格局中为知识创新集聚、扩散与网络节点空间特征。

5.2.2　基于知识创新空间集散特征的创新型城市识别

创新型城市的知识溢出空间效应在城市创新空间格局中表现为具有极化、集聚与创新网络节点特征的城市。创新型城市的知识集散效应受地理空间距离限制的知识溢出的影响，在城市创新空间格局中表现为创新极核与创新扩散空间特征的城市。因此构建基于距离倒数的空间权重矩阵（公式5-5），来计算局域空间 Moran's I_i 识别在城市创新空间组织格局中表现高-低集聚与高-高集聚空间特征的城市。

$$w_{dij} = \begin{cases} 1/d_{ij}^2, & i \neq j \\ 0, & i = j \end{cases} \qquad (5-5)$$

创新型城市具有创新增长极的规模效应，是产生创新型城市创新集散功能的主要原因。参考李敏纳（2011）将增长极系统的形成必要的三个条件归纳为：（1）经济增长水平高于研究区域平均水平。（2）经济增长方面与邻近地区强关联。（3）经济规模和人口规模均高于研究区域平均水平或高于邻近地区平均水平。用城市知识创新能力替代经济增长水平来确定中国城市创新增长极，从而识别在城市创新体系中具有创新增长极特征的城市。在增长极必备的条件中，前两个条件意味着作为创新增长极城市的知识创新能力的空间关联形式为显著高-高型或显著高-低型。而第三个条件需要满足知识创新规模与人口规模均高于研究区域的平均水平。用衡量城市知识创新能力来表示城市知识创新规模。

表5-3 显示了城市知识创新能力具有显著 H-H 与 H-L 局域 Moran's I_i 特征的城市。这些城市较多为我国省会城市与区域中心城市，分布在我国发展较为成熟的城市群中，在中国城市知识创新能力空间格局中呈现空间集聚与空间极化特征。

表5-3　　显著高-高与显著高-低的知识创新空间关联特征的城市

城市	局域 Moran's I_i	P 值	空间相关类型
上海	2.631	0.000	HH
北京	1.662	0.000	HH
天津	1.489	0.000	HH
东莞	1.283	0.000	HH
中山	0.710	0.017	HH
佛山	0.903	0.002	HH
广州	1.615	0.000	HH
深圳	1.729	0.000	HH
珠海	0.784	0.010	HH
南京	0.794	0.000	HH

城市	局域 Moran's I_i	P 值	空间相关类型
南通	0.720	0.004	HH
常州	0.701	0.002	HH
无锡	1.030	0.000	HH
苏州	1.323	0.000	HH
唐山	0.843	0.033	HH
嘉兴	0.744	0.001	HH
宁波	1.259	0.000	HH
杭州	0.737	0.000	HH
绍兴	0.492	0.039	HH
成都	−1.296	0.000	HL
重庆	−1.649	0.000	HL

计算 2006 ~ 2014 年研究城市知识创新能力局域空间 Moran's I_i，将局域空间 Moran's I_i 反映在空间地图中，识别在城市创新空间格局中表现高 - 高集聚与高 - 低集聚效应的城市，并从其中筛选出城市知识创新能力规模与人口规模大于研究城市的平均值的城市，形成中国城市创新系统的知识创新增长极。这些城市为上海、北京、广州、深圳、天津、南京、宁波、苏州、杭州、重庆、成都。这些城市具有较高的知识创新规模效应，且在城市创新空间格局中表现为知识创新的高 - 低集聚与高 - 高扩散城市创新空间特征，发挥了创新型城市的创新集聚与扩散功能效应。

5.2.3　基于知识创新网络空间节点特征的创新型城市识别

知识溢出是通过不同主体相互作用促进知识无意识传播的过程。虽然知识溢出在邻近的范围内更容易发生，但随着信息技术与交通发展的成熟，城市创新要素可以克服地理空间距离的限制，在全球化、知识经济时代，利用完善的基础设施与发达的信息技术加速知识要素的自由流动。创新中心城市越来越倾向于与自己相似或互补的高知识创新能力城市进行创新合作与联系，产生知识空间溢出效应，并形成可多创新中心的网络空间格局。这些创新中心节点城市主要分布在沿海地区，以省会城市与区域中心城市为主，凭借现代化的基础设施与高水平的信息化，逐渐克服了地理距离的限制，选择知识吸收能力较强或拥有更优质的创新资源的城市进行知识创新的合作与联系。在知识创新相互流动的空间上，以知识创新能力较强，且对知识创新资源具有支配能力的城市为节点中心，在城市知识创新空间格局中表现为具有高－高创新联系的网络节点空间特征。选择研究城市的知识创新网络空间权重矩阵（公式 5－6），计算在城市知识创新网络空间关系下各研究城市的局域 Moran's I_i，识别出在城市创新网络空间格局中具有显著高－高创新联系空间特征的城市。

$$w_{fij} = \begin{cases} k\dfrac{Q_i Q_j}{d_{ij}^2}, & i \neq j \\ 0, & i = j \end{cases} \qquad (5-6)$$

其中，Q_i 与 Q_j 分别表示城市 i 与城市 j 的知识创新能力，意味着两个城市创新之间的相互作用与两个城市之间的知识创新能力成正比。Q_i 与 Q_j 分别用研究区域中各城市的知识创新综合能力纷纷来表示。d_{ij} 表示两个城市中心之间的欧式距离，运用 Arcgis 10.0 测度，调整参数 k 为 1000。城市知识创新网络空间权重矩阵可以体现出在城市创新网络系统中，城市创新空间的相关作用与创新联系程度。创新联系强度较高的城市不仅具有较高的知识创新能力，且可以克服地理空间距离的限制，借助知识创新网络溢出效应对创新资源产生支配功能。

在城市知识创新网络空间关系下，具有较强空间知识溢出效应的城市表现为高－高创新空间联系特征，这些城市是中国城市知识创新网络节点城市，可能发挥了创新支配功能效应。表 5－4 显示了具有基于城市创新能力综合得分的在创新网络空间关系下表现为高－高创新联系空间节点特征的城市。

表 5－4　　　　　　　　显著高－高知识创新空间联系特征的城市

城市	局域 Moran's I_i	P 值	空间关联类型
北京	2.834	0.027	H－H 联系
天津	2.465	0.026	H－H 联系
深圳	2.135	0.000	H－H 联系
广州	1.923	0.002	H－H 联系

续表

城市	局域 Moran's I_i	P 值	空间关联类型
上海	1.645	0.008	H－H 联系
武汉	1.505	0.058	H－H 联系
东莞	1.388	0.000	H－H 联系
重庆	1.307	0.032	H－H 联系
成都	1.276	0.005	H－H 联系
珠海	1.067	0.002	H－H 联系
苏州	1.016	0.000	H－H 联系
宁波	0.876	0.019	H－H 联系
中山	0.689	0.011	H－H 联系
无锡	0.652	0.003	H－H 联系
杭州	0.443	0.081	H－H 联系
南京	0.404	0.019	H－H 联系
常州	0.389	0.020	H－H 联系
合肥	0.328	0.013	H－H 联系

　　测度中国城市在不同城市空间关系下的城市知识创新能力空间 Moran's I_i，通过 Moran's I_i 识别在中国城市知识创新能力空间格局中表现为高－低空间极化、高－高空间集聚与在创新网络中具有高－高联系创新网络节点空间特征的城市。通过识别结果分析得出，在城市创新系统中表现为城市创新增长极核心功能效应的城市为上海、北京、广州、深圳、天津、南京、宁波、苏州、杭州、重庆、成都，这些城市不仅具有较高城市知识创新能力与人口规模效应，且在地理空间知识溢出视角下具有创新的集聚与扩散功能效应。在城市知识创新网络系统中既具有较高的知识创新能力，又在知识创新网络中表现为显著的创新网络节点空间特征的城市为：上海、北京、广州、深圳、天津、南京、宁波、苏州、杭州、重庆、成都、常州、合肥、无锡、武汉、中山、东莞、珠海。

　　综合在城市创新系统中识别出的创新增长极城市与在城市创新网络系统中识别的创新网络节点型城市为北京、深圳、上海、广州、珠海、宁波、武汉、重庆、常州、苏州、南京、天津、东莞、成都、杭州、中山、无锡、合肥。这些城市不仅具有较高的知识创新能力，且发挥了创新型城市的创新集聚、扩散与创新支配功能，可初步识别为中国创新型城市。

5.3 中国创新型城市知识溢出的功能机制检验

基于城市创新知识溢出效应的空间特征识别出的中国创新型城市既具有较高的知识创新能力，并在中国城市知识创新空间格局中表现为城市创新的极化、集聚与创新网络节点空间特征的城市，识别出的这些城市可能发挥知识创新集聚、扩散与支配功能的创新型城市。而知识溢出的经济效应是创新型城市经济持续增长特征的主要原因，所以发挥创新型城市核心功能效应的城市同时也具有经济持续增长的内部特征。构建城市创新扩散模型与经济增长模型验证基于知识溢出空间效应识别出的城市既发挥了创新型城市的核心功能效应也提高了经济增长水平。

5.3.1 模型的构建

验证模型选择基于知识溢出空间效应识别出的在城市知识创新空间格局中识别具有城市创新的极化、集聚与创新网络节点空间特征的城市为检验对象。证明基于知识空间溢出效应识别出的创新型城市：北京、深圳、上海、广州、珠海、宁波、武汉、重庆、常州、苏州、南京、天津、东莞、成都、杭州、中山、无锡、合肥市 18 个城市是具有创新集聚、扩散与创新网络支配功能的创新型城市。

创新要素的集聚是创新型城市形成的前提，而创新型城市的创新辐射与扩散能力才是基于国家战略基础上创新型城市的功能效应的体现，创新扩散功能的发挥是创新型城市质的提升，也是促进区域整体创新水平的主要因素。

凯勒（Keller，2002）研究了美国、德国、日本、英国、法国等对其他 9 个 OCED 国家的扩散，揭示了国际的创新扩散。为了检验创新型城市的创新扩散机制，改进扩展凯勒（2002）的模型，检验识别出的创新型城市的创新扩散效应。

具有整体相关性创新扩散模型设定如下：

$$I_{it} = \beta_1 + \beta_2 \sum_{\substack{j \in J \\ diffusion(t)}} I_{jt} e^{\beta_3 \frac{1}{D_{ij}}} + \beta X_{it} + \varepsilon_{it} \tag{5-7}$$

其中，I_{it} 与 I_{jt} 分别为 t 时期知识创新接收城市 i 和知识扩散城市 j 的知识创新能力。D_{ij} 代表知识技术接收城市 i 到具有空间知识溢出效应的创新型城市 j 的空间距离。由于在一个城市群中会出现若干个创新型城市，所以 $diffusion(t)$ 的部分采用连加的形式。如果 $\beta_2 > 0$ 且具有显著性，则证明创新型城市在城市群中存在扩散效应。在 $\beta_2 > 0$ 且具有显著性的条件下且 $\beta_3 > 0$ 显著成立，则说明创新型城市的扩散效应随着空间距离的增大而衰减，其周边的外围城市容易受到该创新型城市的带动效应提高其城市的知识创新能力。有且 β_3 显著小于 0 或者不显著，则说明创新型城市对周边城市存在空间集聚效应或跨越地理空间距离的创新支配效应。

I_{it} 与 I_{jt} 采用城市知识创新能力综合得分衡量。D_{ij} 代表创新型城市 i 到其所在城市群中其他城市 j 的距离。由于方程为非线性型，采用 Panel EGLS 的回归方法，使用 Cross – section weights 消除异方差。

5.3.2　检验结果分析

实证过程中选取基于知识溢出的空间效应识别的创新型城市作为知识创新扩散源，而其分别所在的京津冀城市群、长江三角洲城市群、珠江三角洲城市群、长江中游城市群、成渝城市群中的其他城市为知识创新的接收城市，实证分析通过知识溢出的空间效应识别的创新型城市对其他城市与区域会产生功能作用。

在对结果验证之前，首先测度创新型城市所在城市群的全局 Moran's I 对的城市群的空间集聚特征进行分析，初步了解这五个城市群的空间关联总体特征，分析城市群创新空间集聚程度，以便初步了解创新型城市对城市群内边城市的功能作用。

表5 – 5 显示了 2006～2014 年五大城市群知识创新能力的全局 Moran's I 以及其显著性。京津冀城市群、长江中游城市群与成渝城市群的全局空间 Moran's I 小于 0，且其 p 值没有通过显著性检验，城市群内城市知识创新的空间相关性较弱。京津冀城市群内城市知识创新的空间相关性较弱且基本呈现高低集聚的空间格局特征。在京津冀城市群中，城市知识创新能力存在较大的差异，城市之间无法进行创新合作与联系，邻近知识溢出源的城市也无法有效接收创新型城市的知识溢出效应，所以在城市群内城市知识创新的空间相关性较弱。长江三角洲城市群与珠江三角洲城市群的全局空间 Moran's I 显著大于 0，这两个城市群内基本呈现高 – 高集聚的城市创

新空间特征，城市群内城市知识创新整体水平较为均衡，城市知识创新能力之间的差异性较小，城市之间可有效地进行创新联系与合作，有效利用其创新型城市的知识溢出效应提高城市群与区域的整体创新水平。长江三角洲城市群城市知识创新的全局空间 Moran's I 呈下降趋势，而珠江三角洲城市群城市创新的全局空间 Moran's I 值呈上升趋势，可以初步判断长江三角洲城市群城市创新基于地理空间的相关性越来越弱，城市创新之间的知识溢出越来越少地依靠地理空间的邻近性，而是为获取更高水平的创新资源与要素，克服地理空间距离与其他创新进行创新的空间联系，获得知识溢出效应。而珠江三角洲城市群城市知识创新之间更多地依靠基于地理邻近性的知识溢出，所以珠江三角洲城市群城市创新高 – 高集聚的空间特征越来越明显。为了验证基于知识溢出的空间效应识别的创新型城市对所在城市群的影响，将研究数据代入创新扩散模型。见表 5 – 5。

表 5 – 5　　　　五大城市群知识创新能力全局空间 Moran's I

城市群	2006 年	2007 年	2008 年	2009 年	2010 年	2011 年	2012 年	2013 年	2014 年	综合
京津冀	− 0.384	− 0.340	− 0.330	− 0.286	− 0.315	− 0.274	− 0.278	− 0.344	− 0.312	− 0.320
p 值	0.170	0.220	0.230	0.320	0.270	0.370	0.360	0.216	0.283	0.260
长江三角洲	0.285	0.238	0.240	0.242	0.216	0.192	0.202	0.202	0.221	0.230
p 值	0.007	0.022	0.021	0.019	0.035	0.060	0.040	0.048	0.032	0.026
珠江三角洲	0.378	0.396	0.395	0.381	0.397	0.410	0.42	0.485	0.474	0.421
p 值	0.023	0.017	0.017	0.020	0.016	0.015	0.013	0.005	0.0062	0.013
长江中游	− 0.181	− 0.184	− 0.163	− 0.151	− 0.050	− 0.131	− 0.077	− 0.772	− 0.103	− 0.099
p 值	0.265	0.263	0.332	0.392	0.896	0.481	0.768	0.767	0.620	0.640
成渝	− 0.187	− 0.178	− 0.27	− 0.255	− 0.192	− 0.203	− 0.135	− 0.135	− 0.086	− 0.195
p 值	0.522	0.532	0.252	0.281	0.473	0.442	0.692	0.692	0.911	0.464

表 5 – 6 显示了京津冀城市群内创新型城市知识创新扩散功能效应检验结果。结果显示，京津冀城市群的创新型城市北京市与天津市对城市群内邻近城市存在知识扩散效应，但这种知识创新的扩散并不依赖于空间距离，可以解释在京津冀城市群中北京市、天津市与周围城市存在较大的知

识创新差异，对知识空间溢出的阻尼作用较为明显。所以北京市与天津市知识溢出的空间效应更多地表现在跨区域的城市创新联系网络的节点功能。创新资源的投入与空间分布的差异不仅抑制了京津冀区域整体创新水平的提高，也制约了创新型城市北京市、天津市对京津冀城市群创新扩散的功能效应。

表 5 - 6　　　　京津冀城市群创新型城市知识创新扩散功能效应检验

变量	model 1	model 1.1 北京市	model 1.2 天津市
β_1	- 11. 281 (- 7. 422) ***	- 9. 211 (- 6. 720) ***	- 13. 592 (- 7. 990) ***
β_2	- 0. 809 (8. 410) ***	1. 243 (7. 610) ***	1. 982 (9. 090) ***
β_3	0. 000 (0. 052)	- 0. 011 (0. 432)	0. 004 (0. 572)
R^2	0. 512	0. 493	0. 523

注：括号中为 t 值，*、**、*** 分别表示在 10%、5% 与 1% 的显著性水平上通过假设检验。

长江三角洲城市群位于国家战略格局的重要交叉点上，它不仅仅是"黄金水道"长江经济带的龙头，也是"海上丝绸之路"轴线上的关键节点区域，在全国 2.2% 的国土上集聚 11.8% 的人口和 21% 的地区生产总值，将被打造为世界级城市群。表 5 - 7 显示了长江三角洲城市群的创新型城市知识创新扩散功能效应验证结果。model 2 的检验结果证明了三角洲城市群中的创新型城市对邻近城市存在创新扩散功能，其中上海市、南京市、南通市、常州市、无锡市、苏州市、宁波市、杭州市的空间扩散效应都随距离的增大而衰减，具有带动城市群协同创新的功能效应，而合肥市的距离系数呈现了相反的趋势，合肥市在长江三角洲城市群具有空间极化效应，即城市集聚产生的知识溢出对外围城市创新形成了回流效应。合肥市创新型城市建设与发展处于初级阶段，对知识创新要素的聚合功能要大于知识创新扩散功能。

表 5-7　长江三角洲城市群的创新型城市知识创新扩散功能效应检验

变量	Mode2	Model 2.1 上海市	Model 2.2 南京市	Model 2.4 常州市	Model 2.5 无锡市	Model 2.6 苏州市	Model 2.7 宁波市	Model 2.8 杭州市	Model 2.9 合肥市
β_1	-3.092 (-0.717)	-21.462 (-14.721)***	-13.521 (-13.232)***	-3.072 (-7.161)***	-2.651 (-6.454)***	-4.172 (-8.832)***	-4.901 (-9.023)***	-9.182 (-10.862)***	-3.503 (-7.673)***
β_2	0.125 (3.221)***	3.422 (17.552)***	2.472 (16.433)***	2.113 (10.823)***	2.362 (8.980)***	2.422 (10.521)***	1.821 (12.432)***	1.952 (10.862)***	0.791 (7.542)***
β_3	0.11 (1.562)	0.05 (7.472)***	0.035 (4.621)***	0.13 (7.512)***	0.18 (7.923)***	0.16 (8.696)***	0.07 (5.730)***	0.028 (2.170)***	-0.06 (-3.272)***
R^2	0.530	0.550	0.530	0.550	0.560	0.530	0.520	0.560	0.560

注：括号中为 t 值，*、**、*** 分别表示在 10%、5% 与 1% 的显著性水平上通过假设检验。

　　表 5 - 8 显示了珠江三角洲城市群的创新型城市知识创新扩散功能效应验证结果。珠江三角洲城市群是亚太地区最有活力的经济区之一，是全球影响力的先进制造业基地和现代服务业基地，2015 年正式被国务院批复为国家自主创新示范区，邻近粤港澳都市圈，是我国最接近全球创新资源的门户城市群。共有广州市、深圳市、珠海市、佛山市、东莞市、中山市、江门市、肇庆市、惠州市 9 个城市，其中广州市、深圳市、珠海市、东莞市与中山市是基于知识溢出的空间效应被识别为创新型城市。珠三角城市群中的创新型城市对邻近城市存在知识空间溢出效应，除中山市以外，广州市、深圳市、珠海市与东莞市都表现出受距离增大而衰减的创新扩散效应，对所在城市群具有协同创新的功能作用。而中山市对城市群其他城市存在知识创新极化效应，处于创新型城市发展初级阶段，其知识创新聚合效应大于扩散效应。

表 5 - 8　　　珠三角城市群创新型城市知识创新扩散功能效应检验

	Model 3	Model 3.1 广州市	Model 3.2 深圳市	Model 3.3 珠海市	Model 3.4 东莞市	Model 3.5 中山市
β_1	-3.485 (-2.031) ***	-3.980 (-2.192)	4.572 (21.882) ***	-1.442 (-1.173) ***	-1.421 (-1.646)	-4.282 (-2.423) ***
β_2	0.372 (6.033) ***	4.682 (3.332) ***	2.474 (16.432) ***	3.642 (7.282) ***	11.991 (2.932) ***	4.522 (5.883) ***
β_3	0.21 (3.57) ***	0.31 (3.43)	5.51 (10.52) ***	0.23 (8.5) ***	0.54 (6.0) ***	-0.26 (-4.3) ***
R^2	0.330	0.530	0.512	0.453	0.625	0.552

　　注：括号中为 t 值，*、**、*** 分别表示在 10%、5% 与 1% 的显著性水平上通过假设检验。

　　表 5 - 9 显示了长江中游城市群的创新型城市知识创新扩散功能效应验证结果。结果显示，长江中游城市群中的创新型城市武汉市对长江中游城市群邻近城市具有知识创新的扩散效应，但是知识溢出倾向于本地的收敛，知识空间溢出过程是其知识创新扩散能力大于知识创新聚合能力，提高武汉市的创新辐射能力可以提高城市群的整体创新水平。同时也需要培育城市群中除武汉市其他创新增长极，形成多创新中心的网络空间格局，协同创新共同提高城市群的整体创新水平。

表 5-9　　　长江中游城市群创新型城市知识创新扩散功能效应检验

变量	model 4 武汉市
β_1	-9.442 (-8.342)***
β_2	1.171 (7.762)***
β_3	-0.051 (-4.426)***
R^2	0.461

注：括号中为 t 值，*、**、*** 分别表示在10%、5%与1%的显著性水平上通过假设检验。

表 5-10 显示了成渝城市群的创新型城市知识创新扩散功能效应的验证结果。结果显示，成渝城市群中的创新型城市成都市、重庆市对城市群内邻近城市具有知识创新的扩散功能。成都市的知识创新功能体现在克服地理空间距离，与其他相似水平知识创新能力的城市进行创新联系，产生知识溢出效应。而重庆市的知识创新扩散效应要小于其聚合效应，对邻近的城市知识创新要素存在极化效应。

表 5-10　　　成渝城市群创新型城市的知识创新扩散效应检验

变量	Model 5.1	Model 5.2 成都市	Model 5.3 重庆市
β_1	-5.322 (-7.031)***	-4.741 (-6.113)	-6.172 (-7.022)***
β_2	0.080 (2.142)***	1.022 (6.522)***	0.641 (4.933)***
β_3	-0.351 (-4.462)***	0.003 (0.123)	-0.132 (-4.033)***
R^2	0.541	0.452	0.502

注：括号中为 t 值，*、**、*** 分别表示在10%、5%与1%的显著性水平上通过假设检验。

表 5-11 显示了从以上基于知识溢出空间效应识别的创新型城市在地理空间作用下对其所在城市群内及周边城市的功能效应验证结果：识别的创新型城市具有创新型城市发展过程中体现的创新扩散的功能效应。北京

市、天津市在京津冀城市群中具有创新扩散效应，但因周边城市的知识吸收能力较弱，所以其知识空间溢出效应通过城市创新联系网络进行扩散，其核心功能主要体现为创新集聚与支配效应。长江三角洲城市群城市创新格局基本呈现多创新中心的空间格局，上海市、南京市、常州市、无锡市、苏州市、宁波市、杭州市既具有地理空间的创新扩散功能，也具有创新联系功能，多创新中心网络化的空间格局提高了城市群的知识创新效率，带动了城市群整体创新水平的提高。合肥市相对其他创新型城市建设现状来说处于创新型城市的建设初级阶段，在创新型城市建设过程中对城市群其他非创新型城市的知识创新集聚效应要大于扩散效应。珠三角城市群与长江三角洲城市群创新格局类似，呈现出以广州市、深圳市、珠海市与东莞市为多创新核心城市的空间格局，这些城市在珠三角城市中既存在知识创新扩散功能又发挥创新联系网络支配功能，创新型城市在珠三角城市群中具有协同创新效应。中山市已初步具备建设创新型城市的基本条件，存在知识创新扩散功能。但是其发展阶段仍处于创新要素的集聚过程，其集聚效应大于创新扩散与联系效应。武汉市是长江中游城市群中识别出唯一具有显著知识空间效应的城市，在实证检验结果中其对长江中游城市群内其他城市的知识创新扩散效应小于知识创新集聚效应，对长江中游城市群的创新资源具有较强的集聚功能。成渝城市群是位于西部的国家级城市群，成都对成渝城市群的创新支配效应要大于其对周边城市的创新扩散效应，重庆市在城市群中具有明显的集聚功能，是城市群的创新极核城市，存在创新扩散效应，但是在城市群创新发展中主要体现知识创新要素的集聚功能。

表 5 – 11　　　　　　　　　　创新型城市的功能效应

城市群	创新型城市	主要功能效应
京津冀城市群	北京市	创新支配
	天津市	创新支配
长江三角洲城市群	上海市、南京市、常州市、无锡市、苏州市、宁波市、杭州市	创新扩散与支配
	合肥市	创新集聚与支配

续表

城市群	创新型城市	主要功能效应
珠三角城市群 长江中游城市群	广州市、深圳市、珠海市、东莞市	创新扩散与支配
	中山市	创新集聚
	武汉市	创新集聚与支配
成渝城市群	成都市	创新集聚与支配
	重庆市	创新集聚

创新型城市是带动周边区域与国家整体共同创新的重要突破口。由点带面、由点及面、由点成面是创新型城市推动创新型国家建设的重要方针。而创新型城市则在建设创新型国家战略方面起到点的作用，对知识创新具有集聚、扩散与支配功能，从而对其周边城市的知识创新发展起到协同创新效应，促进了创新型城市群与都市圈的形成。保持城市的持续增长并不是建设创新型城市的唯一目的，带动周边城市创新发展、提高国家整体创新水平才是创新型城市建设的最终目标。通过城市创新扩散模型验证了基于知识溢出空间效应识别的 18 个创新型城市均存在创新扩散效应，存在创新型城市协同创新的主要功能，只是随着创新型城市发展阶段与创新资源禀赋的不同所体现出的主要功能效应也不同。

5.4　中国创新型城市知识溢出的经济效应检验

通过创新扩散模型验证了基于知识溢出空间效应识别的创新型城市对城市群（区域）国家具有创新集聚、扩散与支配功能。构建经济增长模型，验证创新型城市在发挥功能效应的过程中产生的知识溢出效应也在促进经济的持续增长，这些城市具有创新型城市知识溢出经济效应的本质特征。

5.4.1　模型的构建

为了验证发挥知识溢出功能效应的创新型城市也具有经济持续增长的本质特征，采用柯布-道格拉斯经济增长函数作为检验方程：

$$Y_{it} = A_{it} C_{it}^{\alpha} L_{it}^{\beta} K_{it}^{\lambda} e_{it}^{\varepsilon} \tag{5-8}$$

其中，Y_{it} 为创新型城市在 t 年的产出；C 是固定资本；L 是劳动力投入；K 是知识资本，即创新型城市创新要素的集聚水平；A 为技术参数，即创新型城市的知识创新扩散效应与创新型城市的创新网络支配效应；e 为误差项，反映未知因素和干扰项对城市经济增长的影响。为了提高估计的精确度，解决遗漏变量问题，提供更多个体动态行为，采用面板数据回归模型对识别出的 18 个创新型城市进行验证。采用 2006～2014 年 9 年的短面板数据进行验证。将生产方程进一步扩展为：

$$\ln GDP_{it} = \theta_0 + \theta_1 \ln L_{it} + \theta_2 \ln Inves_{it} + \theta_3 \ln A_{it} +$$
$$\theta_4 \ln D_{it} + \theta_5 \ln Con_{it} + \theta_6 \ln Open_{it} + e_{it} \qquad (5-9)$$

其中，GDP_{it} 是第 i 个创新型城市第 t 年的全国生产总值；L_{it} 是第 i 个创新型城市第 t 年的劳动力投入；$Inves_{it}$ 是第 i 个创新型城市第 t 年的固定资产投资；A_{it} 是第 i 个创新型城市第 t 年的创新要素积累水平；D_{it} 第 i 个创新型城市第 t 年的创新扩散水平；Con_{it} 是 i 个创新型城市第 t 年创新网络的支配效应；$Open_{it}$ 是第 i 个创新型城市第 t 年的贸易开放水平；θ_1、θ_2 分别是各影响因素的待估参数以及对城市经济增长的影响程度。

5.4.2 变量的解释与数据来源

选择城市国内生产总值即 GDP_{it} 来反映创新型城市经济增长的因变量，变量劳动力 L_{it} 表示各城市的从业人数，投资 $Inves_{it}$ 表示选择城市固定资产投资。

该模型主要验证创新型城市的功能效应对城市经济的增长是否具有一定正向关系。采用创新型城市的知识存量 A_{it} 来表示创新要素的集聚效应。

城市的知识创新扩散效应是在城市创新要素流动的基础上形成的创新扩散，表现为从创新型城市向外围进行辐射，是创新型城市形成的关键与其核心功能效应之一，也是创新型城市发展过程中质的表现。创新扩散效应受地理空间距离的影响具有一定的区域性，因此创新型城市的空间扩散效应受相邻城市知识资本存量与空间距离的影响，其表现形式为 $D_{it} = \sum_{\substack{i=1 \\ j \neq i}}^{N} A_j \times W_{ijd}$。

其中 W_{ijd} 为创新型城市与其周围中国大陆城市距离的倒数的空间权重矩阵，表示创新型城市的空间知识溢出效应存在距离衰减的效应，即存在本地化溢出现象。创新型城市网络枢纽支配效应是城市在高度发达的交通水平与信息化水平下克服地理距离限制对知识创新要素的获取能力。这与相互产生创新联系能力与合作有关，用创新联系能力：$Con_{it} = \sum\limits_{\substack{i=1 \\ j \neq i}}^{N} A_j \times W_{ijf}$ 进行衡

量。W_{ijf} 为 18 的创新型城市 2006 ~ 2014 年发明专利合作矩阵，从中国国家知识产权局（SIPO）检索平台获取[①]。$Open_{it}$ 贸易度与开放度选择当年实际使用外资金额表示。数据来源于 2006 ~ 2014 年《中国城市统计年鉴》以及中国国家知识产权局检索平台。

5.4.3 检验结果分析

创新型城市的发展过程是一个动态的演变过程：是基于经济的增长→集聚→增长→扩散→增长→联系→保持持续增长的一个动态变化的闭合系统。较高的经济发展水平对城市创新要素的集聚提供了经济条件，创新要素的集聚带来的知识溢出效应促进了经济增长，集聚过程中发挥的创新扩散效应与创新支配效应提高了城市的创新效率，提高了城市的创新能力，带动了城市的经济增长。所以创新型城市功能效应与经济增长相互体现、共同促进，存在同一个相互作用的系统中。选择动态面板回归模型来解释创新型城市的功能效应对城市经济增长的动态影响，并解决变量知识空间溢出效应与经济增长的内生性以及变量之间的相互关系，提高回归验证结果的准确性。

采用布伦德尔和邦德（Blundell and Bond，1991）提出的系统 GMM 方法，该方法可以克服滞后一期被解释变量与解释变量引发的内生性以及残差的异方差问题，得到无偏一致的估计结果，提高估计的效率，同时可以解决变量之间的相互联系与内生性。

$$\ln GDP_{it} = \lambda \ln GDP_{it} + \theta_1 \ln L_{it} + \theta_2 \ln Inves_{it} + \theta_3 \ln A_{it} +$$
$$\theta_4 \ln D_{it} + \theta_5 \ln Con_{it} + \theta_6 \ln Open_{it} + \mu_i + \nu_t + e_{it} \quad (5-10)$$

其中，μ_i、ν_t、e_{it} 是随机项，阿雷拉诺和邦德（Arellano and Bond，1996）提出的动态 GMM 估计方法是根据一阶差分数据，使所有潜在的内生变量，如动态方程中的（$GDP_{i,t-1}$，$A_{i,t-1}$）水平值及滞后期作为工具变量，从而消除了面板固定效应的影响 u_i。当在短面板数据情况下，水平滞后变量代表一阶差分变量的弱工具变量，动态差分估计会受到有限样本影

---

① 发明专利合作数据从中国国家知识产权局（SIPO）检索平台获取。以北京与天津 2006 年发明专利合作检索式为例：申请日 = 2006 AND 申请（专利权）人 =（北京 and 天津）AND 发明类型 =（"I"）。

响产生偏差。系统动态 GMM 的具体做法将滞后水平作为一阶差分的工具变量，将水平回归方程与差分回归方程结合起来，而一阶差分又作为水平变量的工具变量，可以减少同时性。动态面板 GMM 估计是一致的，即使集聚带来的规模效应的变量是内生的，但是只要工具变量的滞后期足够长就可以实现一致性。为了减少内生性回归系数的误差，在动态面板回归之后需要对工具变量过度识别的约束条件进行测试。使用系统的 Sargan 检验及相关 p 值反映估计过程中样本矩条件工具变量的总体有效性。

　　为了更好地运用系统 GMM 方法，首先要保证内生变量与工具变量不相关，需要残差二阶以上序列不相关。采用阿雷拉诺和邦德（1991）提供的检验特质残差项序列相关的方法，发现 AR（2）检验没有通过显著性检验，可以使用系统 GMM 方法对模型进行动态回归。在回归之后需要对工具变量进行过度识别的 Sargan 检验，来确认所有工具变量是否外生，从而保证模型的稳定性。经过 Sargan 检验，各模型的 P 值都在 5% 的显著性水平上，即无法拒绝"所有工具变量都有效"的原假设，新增工具变量与扰动项相关，所选择的工具变量是有效的。检验动态面板模型整体显著性的 Wald 统计量也通过了 1% 的显著性检验，综合结果显示，模型的设定是较理想的。表 5 - 12 为创新型城市的功能效应对其经济增长动态回归结果。

表 5 - 12　　　　　　　　GMM 动态面板回归模型验证结果

被解释变量 GDP_{it}	模型 I	模型 II	模型 III	模型 IV
$GDP_{i,t-1}$	0.820 (78.921) ***	0.794 (52.945) ***	0.890 (40.611) ***	0.829 (28.312) ***
L_{it}	- 0.242 (- 3.332) ***	- 0.007 (- 1.482)	- 0.021 (- 2.572) **	- 0.023 (- 2.192) ***
$Inves_{it}$	0.068 (7.772) ***	0.059 (5.332) ***	0.072 (5.532) ***	0.095 (7.421) ***
$Open_{it}$	0.044 (10.272) ***	0.067 (7.901) ***	0.025 (2.90) ***	0.027 (3.172) ***
A_{it}		0.036 (2.582) ***	0.054 (2.182) ***	0.060 (2.621) ***

续表

被解释变量 GDP_{it}	模型Ⅰ	模型Ⅱ	模型Ⅲ	模型Ⅳ
A_{it}^2		-0.032 (-2.742)	-0.048 (-2.093)***	-0.049 (-2.362)***
D_{it}			-0.131 (-2.432)***	-1.350 (-2.441)***
D_{it}^2			0.102 (1.954)**	0.101 (1.802)***
Con_{it}				0.017 (2.56)***
常数项	1.641 (26.651)***	1.912 (10.372)***	0.741 (2.383)***	1.123 (2.783)***
观测值	208	208	208	208
Sargan 检验	24.751 (0.423)	25.412 (0.951)	24.731 (0.998)	24.981 (0.998)

注：括号中为 t 值，* 、** 、*** 分别表示在10%、5%与1%的显著性水平上通过假设检验。

从 GMM 动态面板回归模型的检验与回归结果来看，识别出的创新型城市的城市发展已经迈入创新驱动阶段，传统生产要素已经无法满足城市经济的持续增长，需要转换新的发展思路，谋求新的生产要素实现规模报酬递增，保持经济持续的增长。模型Ⅰ显示，18个创新型城市投资与开放依然可以带来经济的增长，但是劳动力的投入为城市经济带来负效应，劳动力结构、职能分工已不符合现阶段创新型城市发展的需要，制约了城市的持续增长。当把知识创新要素加入模型Ⅱ中，发现创新集聚效应可以促进城市经济的持续增长，创新集聚效应的平方项却给经济增长带来了负面效应，创新集聚效应与经济增长呈现了一种倒"U"型关系。这个结果支持了"威廉姆逊"假说，即在技术创新推进的低水平阶段，创新要素的集聚导致了人力资本等积累产生的知识溢出效应所带来的经济增长，伴随着城市知识创新的规模报酬递增效应，便捷的交通基础设施与高信息化技术水平，创新型城市经济高速发展，集聚带来的红利将被削弱，且会引发一系列的城市问题。创新型城市开始对集聚的创新资源进行优化配置，淘汰转移已有的创新资源，获取新的创新资源，从而产生创新的扩散与创新网络联系效应。因为创新的空间扩散是一个缓慢的过程且需要时间，所以许多地区发现自己在经济快速增长后创新活动在地理上的过分集聚更容易超过其最优水平，对经济产生负面影响。创新扩散带来的空间知识溢出效应代入模型Ⅲ中，进行了创新型城市的反哺时期，但是从模型Ⅲ检验结果来看，创新扩散效应的当期会抑制创新型城市的经济增长，但是通过创新型城市对创新资源的优化配置，将创新资源反哺于周边城市，其创新能力得到提高时，创新型城市也会得到相应的经济增长，形成 1 + 1 > 2 的城市群协同创新效应，形成创新区域或创新型城市群。创新的扩散具有一定的滞后效应，与城市经济增长水平呈现"U"型关系，当创新型城市创新扩散效应得到有效利用时，创新型城市起到了协同创新的功能效应，带动周边区域创新的整体发展。创新型城市创新的扩散效应带来了知识创新复制，而创新型城市的创新网络联系效应获得新的创新资源，带来新的知识创新成功。进入了全球化、信息化时代，创新要素的快速流动加快了创新型城市之间的创新合作与联系，创新型城市获取创新资源的能力也同样是获得经济增长的主要外部驱动力。

　　实证回归结果证明了创新型城市的创新集聚、创新扩散与创新支配能力是创新型城市形成、发展过程中发挥的功能效应，也是创新型城市经济得到持续增长的主要原因。通过创新型城市知识溢出的空间效应识别出的具有创新集聚、扩散、创新支配功能的城市也具有知识溢出的经济增长效应，可以验证创新型城市的外部特征与内部本质是基于知识溢出效应相互体现并且相互促进的。

5.5　小　　结

　　结合创新型城市的功能作用，从知识溢出效应空间特征的角度识别拥有知识创新集聚、扩散与支配功能的创新型城市。北京、上海、广州、深圳、天津、南京、宁波、杭州、苏州、重庆、成都市这 11 个城市具有较高水平的知识创新能力，是中国城市知识创新增长极系统，在中国城市知识创新空间格局中表现为城市创新的极化与集聚的空间特征，并且在中国城市创新网络空间格局中表现为高 – 高创新联系网络节点空间特征，既发挥了创新型城市的知识创新集散功能又具有知识创新资源的支配功能。而珠海、武汉、常州、东莞、中山、合肥、无锡 7 个城市还未达到中国城市创新增长极系统的规模水平与功能效应，但因具有较高的知识吸收能力，在城市创新网络体系中可以借助网络溢出效应，发挥创新支配功能，在中国城市知识创新空间格局中表现为高水平创新网络节点的空间特征。所以在识别区域中，识别出在城市创新系统表现为创新增长极核心功能效应又在城市创新网络系统中表现创新支配功能效应的城市为北京、深圳、上海、广州、珠海、宁波、武汉、重庆、常州、苏州、南京、天津、东莞、成都、杭州、中山、无锡、合肥。

通过城市创新扩散模型实证验证了基于知识溢出空间效应识别出的创新型城市对区域创新具有创新集聚、扩散与创新支配的功能效应。且根据创新型城市的要素禀赋与发展阶段的不同，创新型城市所表现出的主要功能效应也不同，知识溢出效应是贯穿创新型城市每个阶段成长与发展的空间表现，可以通过知识溢出效应识别发挥功能效应并表现为经济持续增长的创新型城市，判断创新型城市的发展阶段。

通过现象看本质，即创新型城市的功能外部特征与内部特征应存在辩证与统一的关系，城市创新扩散模型与经济增长模型证明了通过知识溢出效应角度识别的创新型城市可以弥补基于综合指标评价与识别的缺陷，判断创新型城市的发展现状与发展阶段。合理利用创新型城市建设中的知识溢出效应，可降低创新成本、提高创新型城市建设效率，是促进创新型都市圈与城市群的建设、推进创新型国家建设战略的主要路径。

第 6 章

中国创新型城市建设提升路径

实证分析已证明可以通过城市创新的知识溢出效应识别具有核心功能的创新型城市，并判断其发展阶段。因此有效利用城市创新的知识溢出效应能够推进创新型城市的建设，提高创新型城市建设效率。知识溢出来源于产业集聚，城市也因为集聚而繁荣，产业与城市深度融合是城市成功转型与可持续发展的重要途径。产业集聚是城市的特征，也是产生知识溢出效应的前提。全球化背景下，知识溢出来源于知识创新的流动，具有创新支配功能的创新型城市可借助创新网络溢出效应来提高创新型城市的知识创新资源配置能力，提高区域创新的整体水平。

6.1 基于创新扩散效应的中国
创新型城市建设提升路径

城市的创新受多种因素影响，以知识的溢出为研究视角来看产业集聚是推动区域创新的主要动力。科技创新离不开知识，而隐性知识的获取必须通过一定地理空间范围内人与人之间面对面的交流才能实现，所以集聚加强了创新要素之间的相互作用，降低了创新成本，也发挥了城市的创新职能。创新要素集聚创新型城市形成初期的主要表现特征。集聚产生的知识溢出效应加速了创新要素的扩散，有效推进创新型城市质的发展。有关产业集聚知识溢出的类型基本分为两种：以马歇尔（Mar）为代表的研究认为，同一行业的知识溢出和垄断市场结构有利于区域创新产出，通过地区品牌效应最小差异原理使知识传播的成本更为节约。以雅各（Jacobs）为代表的研究认为同行业的知识溢出和竞争的市场结构可有效提高区域的产出水平，产业的多样性更容易激发创新活力，提高城市的创新水平。地方经济活动的多样性越高，创新活动越活跃。

虽然国内外对城市专业化集聚还是多样化集聚更有利于城市的知识创新展开了大量的研究，但是目前还没有获得确定性结论。知识溢出是创新型城市功能发挥与保持经济持续增长的重要原因。知识溢出来源于集聚，也是形成集聚的主要原因，而产业的专业化、多样性集聚对知识溢出与城市的创新水平也会产生不同的影响。从知识溢出的角度对已识别验证的18个创新型城市进行实证分析，探析何种类型的产业集聚模式有利于创新型城市功能效应的发挥与城市创新能力水平的提高。

6.1.1 模型的设定与变量测度

已有的研究分析了不同模式的产业集聚对城市知识创新能力的影响，主张产业专业化推进城市创新主要基于共享带来的劳动力蓄水池效应、基础设施等相关中介机构的共享吸引需求，又提高了供给的效率。同一产业促进了大量企业集聚，由于共享基础设施所产生的地方化的集体学习效应较容易产生知识溢出，提高创新效率。但单一类型的产业集聚很有可能带来知识溢出锁定效应，很难接受新的创新理念与创新资源，无法保持创新水平的持续增高。同时也有学者支持多样化产业集聚环境有利于城市创新水平的提高，因为多样性创新环境有利于包含互补性技术领域的创新产生，更有利于知识溢出和资源组合。在产业多样性的环境中，有更多的企业、科研机构和高等院所合作的可能性更大。多样性更有利于知识拓展，激发新的思想与创新的产生，地方的经济活动多样性越高，创新越活跃。关于产业集聚对创新的影响至今还未能得到统一的结论，专业化的知识溢出与多样化的知识溢出对城市创新的作用随产业优势、产业发展阶段、技术特点以及城市规模、城市资源禀赋、城市区位以及城市发展水平等情况的不同而有所差异。针对创新型城市的产业集聚特征方面研究也较少，何种产业集聚模式有利于创新型城市的经济的持续增长与功能效应的发挥是值得探讨的。同时创新空间扩散会随地理距离增加而衰减，也会随着城市创新之间的相互联系而增强。在讨论产业集聚对创新型城市创新扩散影响时，必须考虑空间因素以及城市之间的空间联动性。

通过构建的空间杜宾模型，探析产业集聚产生的知识空间溢出效应对创新型城市知识创新能力的影响。因为创新型城市的知识溢出不仅受基于空间距离的影响，还受创新网络溢出效应的影响，所以分别构建包含有距离倒数空间权重矩阵的和城市创新合作网络空间权重矩阵的空间杜宾模型来分析产业集聚模式对创新型城市知识创新持续发展的影响。设定如下两个模型：

$$Innovation_{it} = \rho w_d Innovation_{it} + \beta_0 rsp_{it} + \beta_1 rdi_{it} + \beta_2 rsp_{it}^2 + \beta_3 rdi_{it}^2 +$$
$$\alpha_0 w_d rsp_{it} + \alpha_1 w_d rdi_{it} + \alpha_2 w_d rsp_{it}^2 + \alpha_3 w_d rdi_{it}^2 + \mu_i + \varepsilon_{it} \qquad (6-1)$$

$$Innovation_{it} = \rho w_f Innovation_{it} + \beta_0 rsp_{it} + \beta_1 rdi_{it} + \beta_2 rsp_{it}^2 + \beta_3 rdi_{it}^2 +$$
$$\alpha_0 w_f rsp_{it} + \alpha_1 w_f rdi_{it} + \alpha_2 w_f rsp_{it}^2 + \alpha_3 w_f rdi_{it}^2 + \mu_i + \varepsilon_{it} \qquad (6-2)$$

其中，$Innovation_{it}$ 表示创新型城市 i 第 t 年的知识创新能力，rsp_{it} 表示创新型城市 i 第 t 年的专业化指数，rdi_{it} 表示创新型城市 i 第 t 年的多样化指数。另外，集聚是把双刃剑，不足或者过度的集聚均会对城市产生不同的影响。所以为了研究集聚与创新型城市的知识创新是否存在非线性关系，将专业化集聚与多样化集聚的平方项也纳入不同空间关系矩阵的空间杜宾模型中，探讨集聚与创新型城市的非线性关系，把握创新型城市的发展规律。w_d 是识别的 18 个创新型城市之间距离倒数的空间权重矩阵，w_f 是 18 个创新型城市之间 2006～2014 年发明专利合作网络空间权重矩阵，μ_i 代表常数项，ε_{it} 为误差项，系数 ρ 表示创新型城市知识创新的溢出强度，衡量创新型城市之间的知识空间溢出效应。系数 β_0 与 β_1 表示产业专业化程度与多样化程度对创新型城市知识创新水平的影响。

对创新型城市专业化集聚、多样化集聚指数的测度借鉴李金滟与宋德勇（2008）的做法，采用国家 2003 年划分的 19 个行业的就业人数来衡量城市的相对专业化集聚指数 $rsp_i = \max(s_{ij}/s_j)$ 与多样化集聚指数 $rdi_i = 1/\sum |s_{ij} - s_j| ji$。

其中，s_{ij} 为 j 产业在城市 i 的就业份额，s_j 为 j 产业在全国的就业份额。行业数据来自 2006～2014 年的《中国城市统计年鉴》。

6.1.2　实证结果解析

表 6-1 显示了创新型城市典型年份的相对专业化指数与主导行业，结果表明，创新型城市的主导产业制造业与信息技术等服务业居多，产业结构的升级与知识产业的集聚是创新型城市形成的先决条件，同时也发现专业化与多样化的产业集聚模式在创新型城市的建设中并不是完全互相排斥的，多样化程度很高的某些创新型城市。研究单元选择以知识溢出效应识

别的创新型城市，这些创新型城市大部分具有较大城市规模、便利的交通运输条件、较高的经济发展水平，且具有创新集聚、扩散与创新网络的支配效应。

表 6 - 1 创新型城市相对专业化指数

城市	2006 年相对专业化指数	2006 年主导行业	2010 年相对专业化指数	2010 年主导行业	2010 年相对专业指数	2014 年主导行业
北京	4.825	租赁和商业服务业	5.063	租赁和商业服务业	4.254	信息传输、计算机服务和软件业
天津	4.618	居民服务和其他服务业	6.831	居民服务和其他服务业	3.875	居民服务和其他服务业
上海	2.484	租赁和商业服务业	2.625	科研、技术服务和地质勘查业	3.251	租赁和商业服务业
南京	1.906	房地产业	1.857	住宿餐饮业	3.406	信息传输、计算机服务和软件业
无锡	1.67	制造业	1.873	制造业	1.959	制造业
常州	1.593	制造业	1.513	制造业	1.546	制造业
苏州	2.315	制造业	2.354	制造业	2.377	制造业
杭州	2.163	租赁和商业服务业	2.082	住宿餐饮业	1.927	信息传输、计算机服务和软件业
宁波	2.495	建筑业	1.91	建筑业	1.523	制造业
合肥	2.029	科研、技术服务和地质勘查业	2.016	建筑业	2.057	建筑业
武汉	2.047	交通仓储邮电业	2.069	建筑业	1.632	科研、技术服务和地质勘查业
广州	2.697	住宿餐饮业	2.535	居民服务和其他服务业	2.688	租赁和商业服务业
深圳	4.155	房地产业	2.974	房地产业	1.949	租赁和商业服务业

城市	2006 年相对专业化指数	2006 年主导行业	2010 年相对专业化指数	2010 年主导行业	2010 年相对专业指数	2014 年主导行业
珠海	2.248	制造业	2.262	制造业	1.812	制造业
东莞	2.844	金融业	2.688	金融业	2.778	制造业
中山	2.048	制造业	2.036	制造业	2.51	制造业
重庆	1.928	建筑业	1.752	建筑业	9.651	居民服务和其他服务业
成都	2.559	建筑业	2.543	建筑业	1.962	信息传输、计算机服务和软件业

在进行空间计量方法前，首先采用普通面板模型探析产业集聚模式对创新型城市知识创新能力的影响。经过 Hausman 检验，采用固定效应的面板回归模型进行回归分析。表 6 - 2 显示了创新型城市产业集聚模式对城市知识创新能力的影响。回归结果显示，专业化的集聚模式对创新型城市的知识创新能力影响不显著，且不具有显著的关系。而多样化的集聚模式对创新型城市的知识创新能力具有负面影响，但与创新型城市的知识创新能力存在"U"形关系。随着创新型城市多样化集聚程度的增加，创新型城市的知识创新能力会随着城市多样化集聚的程度而增加。

表 6 - 2　　　　　　　　固定效应的面板回归模型结果

自变量	知识创新能力
专业化	- 0.003 (- 0.281)
多样化	- 0.102*** (- 3.821)
专业化平方项	- 0.0005 (- 0.462)
多样化平方项	0.014*** (3.112)

注：括号中为 z 值，***、**、* 分别代表 1%、5% 和 10% 的水平上显著，Sargan 检验括号中的是 p 值。

多样化产业集聚环境的建设更需要在区域范围内投入大量的可共享的基础设施、畅通的信息网络与文化建设等，所以前期较高成本的创新投入会降低创新效率。但是随着创新型城市与多样化环境开始发展成熟，高效的交通与信息化基础设施、互通包容的文化环境加速了不同产业、不同文化的相互作用，促进了新理念、新产品的产生，提高了创新效率与创新水平。

基于知识溢出效应识别验证的 18 个创新型城市在城市知识创新空间格局中具有显著的知识空间溢出效应与知识网络的溢出效应。因此，将空间距离的权重矩阵与科技创新合作网络矩阵纳入基础模型中，采用空间统计方法构建空间杜宾模型，分析产业集聚的知识空间溢出效应是否对创新型城市的知识创新能力产生影响。表 6 – 3 显示了创新型城市的产业集聚模式及其空间知识溢出效应对创新型城市知识创新能力的影响。与普通面板回归模型相似，专业化的集聚模式对创新型城市的知识创新能力影响不显著，而多样化的产业集聚对创新型城市知识创新能力的影响存在“U”形关系。专业化的集聚模式对邻近的创新型城市不具有空间溢出效应，但是在创新型城市创新网络关系中专业化的集聚模式在发展初期会对网络中其他节点创新型城市带来负面影响，但是伴随着专业化集聚模式的成熟发展以及创新型城市在网络中地位的提高，专业化集聚模式的创新型城市逐渐与网络其他节点创新型城市形成协同创新效应，知识创新能力借助创新网络溢出效应得到了共同提高。多样化的集聚模式均不会对邻近的创新型城市与创新网络中的创新型城市产生影响，但是多样化的集聚模式是提高创新型城市自主创新能力的重要途径。

表 6 – 3　　　　　　　　　　空间杜宾面板回归模型结果

权重矩阵	w_d	w_f
	知识创新能力	知识创新能力
专业化集聚	– 0.001 （– 0.133）	0.00371 （0.353）
多样化集聚	– 0.097 *** （– 3.562）	– 0.007 ** （– 2.454）
专业化集聚平方项	– 0.001 （– 0.594）	– 0.0001 （– 0.853）

权重矩阵	w_d	w_f
多样化集聚平方项	0.013 *** (2.938)	0.011 ** (2.273)
权重矩阵×专业化集聚	−0.001 (−0.097)	−0.081 ** (−2.520)
权重矩阵×多样化集聚	−0.044 (−1.569)	0.023 (0.245)
权重矩阵×专业化集聚平方项	−0.000 (0.627)	0.001 ** (2.135)
权重矩阵×多样化集聚平方项	0.006 (0.154)	−0.017 (−0.852)
知识创新溢出	0.292 ** (2.460)	0.335 *** (3.253)
R^2	0.982	0.984
LogL	381.88	391.89

注：括号中为 t 值，***、**、* 分别代表 1%、5% 和 10% 的水平上显著。

阿卜杜勒（Abudul，1998）指出，城市的专业化和多样化程度取决于因专业化带来的规模经济和多样化带来的运输成本之间的平衡。而以上所分析评价与识别出的这 18 个创新型城市，可以发现大部分具有知识溢出效应的创新型城市集中分布在经济发达和交通便利的区域。具有强大的综合经济实力和较大的人口规模与人力资本特征，多以服务业与高技术产业为主导产业。相应研究也证明了城市产业的多样性对高技术产业发展与科技创新的重要作用，同时高质量的人力资本也需要多样化环境促进不同知识主体的接触，促进新知识与新理念的诞生。但是相比国际创新型城市，我国创新型城市发展还处于发展初级阶段，部分创新型城市发展的主导产业以制造业为主，交通基础设施建设发展还不完善，不足以促进产业多样化集聚的知识溢出效应，同时也增加了创新的成本。另外，人力资本所产生的隐性知识溢出效应具有一定的滞后性。所以在创新型城市发展初期，城市多样化的集聚环境会增加创新型城市的创新成本。但是随着集聚程度的提高，其产生的知识溢出效应会提高城市自主创新能力。

创新型城市具有较强的知识空间溢出效应和知识网络溢出效应。因此，它对邻近周边城市创新和知识吸收能力较高的城市具有辐射带动作用，并且可以借助知识网络溢出效应获取创新资源与创新要素，提高创新效率。通过包含空间距离权重矩阵和科技创新网络权重矩阵的空间杜宾模型结果得出，多样化的产业集聚模式可以提高未来创新型城市的自主创新能力，而专业化的集聚模式的创新型城市需要借助创新网络溢出效应发挥创新型城市创新扩散功能，协同创新、共同提高城市的知识创新能力。

6.1.3　提升路径选择

创新型城市的创新高度不仅取决于其自主创新能力，而且取决于对区域与国家整体创新水平的辐射扩散效应。在区域空间尺度下发挥创新型城市的创新扩散效应是缩小区域创新差异、提高创新型城市建设的重要原因。集聚是发挥城市知识集散功能的重要基础，对创新型城市来说，知识密集型产业及服务业应是创新型城市重点发展的主导产业。专业化集聚是创新型城市形成的先决条件，产业集群向创新集群的转变是创新型成功的关键路径，打造具有核心竞争力的创新集群是创新型城市未来发展的主要路径。

在具有核心竞争优势专业化创新集群的城市环境下，多样化的产业集聚模式可以帮助创新型城市适应外部环境的不断变化，有能力吸收不同类型的知识溢出。同时在城市创新网络环境下多样化产业集聚的创新型城市具有较强的适应能力与知识吸收能力。大规模的创新型城市可以借助专业化优势逐步形成多样性环境的城市，这些城市往往具有更强的创新能力和适应能力，如北京、上海等城市。城市规模较小的创新型城市在了解其创新资源的基础上，对其优势产业进行专业化的集聚，形成高技术产业园区与创新集群，如中山、东莞、合肥等邻近大规模创新型城市的中小型城市。同时在没有考虑城市规模效应与城市要素禀赋条件下，盲目的多样化产业集聚模式很容易造成城市系统的不协调与紊乱，致使创新资源的流失与创新成本的浪费。合理的创新型城市体系并非纯粹的专业化和多样化的集聚，而是两者根据城市的发展现状与发展阶段系统有机共存与互补。

在创新型城市建设初期，需要根据城市的发展阶段与资源禀赋对创新型城市的产业集聚模式进行调整与改变。首先，创新型城市区别于其他城市的最基本特征是由投资驱动向创新驱动的转变，并且可以带动区域创新联动，形成有机化的创新型都市圈与城市群。所以创新型城市的整体城市功能需要从"制造业""生产业"向"服务业""高技术产业"与"高端制造业"进行转变，由单一的城市功能向综合的科技创新驱动的服务功能转变。其次，随着创新型城市发展的逐步成熟，未来创新型城市发展的路径应该以建设多样化环境为主，构建开放包容的创新环境，鼓励各界创新人才集聚，推动创新型城市的建设。最后，并不是只有规模较大的区域中心城市有条件和能力建设创新型城市。随着信息化与交通基础设施网络的快速发展，城市之间尤其是都市圈、城市群城市之间的相互作用也越来越强，知识溢出效应随地理空间距离的衰减效应将慢慢被知识流动网络的溢出效应所弥补。中小型城市在创新型城市建设初期可以通过其优势创新产业的专业化集聚模式跻入创新型城市网络，借助网络知识溢出效应，提高城市的创新能力。再而通过建设多样化的城市环境，提高城市的自主创新能力，从而形成自主创新能力强，具有创新扩散辐射作用功能的创新型城市。

6.2　基于创新网络溢出效应的中国创新型城市建设提升路径

基于知识溢出的创新型城市研究不仅强调其在空间中的邻近性对区域创新的扩散作用，也强调在创新要素流动空间上的关联性对知识创新的支配作用。从知识网络溢出效应的角度了解国家创新尺度与全球创新尺度下中国创新型城市在网络体系中的功能与地位，提高中国创新型城市在国家与全球范围中的竞争力，借鉴全球创新型城市建设的成功经验，提出差异化、个性化的创新型城市提升路径。

6.2.1　研究方法与数据来源

6.2.1.1　研究方法

基于城市体系的研究可分为基于城市规模与基于城市功能的研究，从知识溢出的角度研究创新型城市体系更强调基于创新型城市功能的城市体系研究。全球化背景下创新型城市为区域、全国、全球创新要素流动的

"支点"，对知识创新要素的流动具有支配地位。社会网络分析法可用来识别和解析全球资本支配视角下的世界城市体系，因此研究选择运用社会网络法识别功能视角下的中国创新型城市功能联系格局，确定中国创新型城市在国家、全球创新型城市体系中的地位与作用。

社会网络分析法中，网络密度、规模、关系数及平均距离等拓扑指标可以用来描述创新型城市创新网络结构特征与空间知识溢出特征。研究表明，专利网络节点的中心性越高，接触和获取外部有用知识的机会和能力就越大，从而使得专利技术扩散范围越广，创新效率越高。处在网络中心位置的行动者往往能够引发网络中的价值创造活动，可触发知识流动，提高知识溢出效应。通过测度专利知识网络节点的度数中心性，可以识别知识流动中对知识创新要素具有较高支配功能效应的创新型城市。同时社会网络分析法可以从网络位置的视角判断处于关键位置的创新中心，如中心度较高的创新网络中心城市。具体指标说明如下：

网络密度。网络密度是指网络中节点之间连接对的数目与网络中所有可能连接对的比例，介于 0 和 1 之间。本书的创新联系矩阵为对称矩阵，故使用无向网络密度：

$$e_{无向} = 2L/n(n-1) \tag{6-3}$$

其中，L 表示实际的创新连接数，n 表示创新网络中的节点数量。网络密度越大，城市间创新的相互作用越紧密。

中心性与影响力分析。中心性与影响力是研究城市在创新网络中的地位和作用的指标。通过相对度数中心度和中间中心度进行测度。一个城市在网络中越处于中心位置，其在网络中的影响力越大，空间知识溢出效应越大。

相对度数中心度（De）：网络中与某城市之间相关联的城市数目 n 以及最大可能直接相关联的城市个数 N 之比。

$$De = n/(N-1) \tag{6-4}$$

中间中心度（Cb_i）：一个城市处于多对城市的最短路径上，这个城市很可能在网络中起着重要的"中介"或"桥梁"作用，处于网络的中心，可以作为结构洞指数。

$$Cb_i = 2\sum_{j}^{N}\sum_{k}^{N}b_{jk}(i)/N^2 - 3N + 2 \tag{6-5}$$

其中，$j \neq k \neq i$ 并且 $j < k$。

网络复杂性分析。具有自组织、自相似、无标度、小世界中的全部和部分性质的网络称为复杂网络。通过无标度网络指标与特征路径长度进行测度分析。

无标度网络指标分析：若度分布满足幂律分析（power-law）的网络称为无标度网络（scale-free network）。幂律分布函数为：

$$p(k) = ck^{-\gamma} \tag{6-6}$$

其中 c 为常数，γ 为幂指数，k 表示节点度数，$p(k)$ 表示度数为 k 的节点数在节点总数的比例，幂指数 γ 在一定程度上可以度量网络节点的异质性，幂指数越大，网络节点的异质性越弱。当 $2 < \gamma < 3$ 可以称为无标度网络。当 $\gamma < 2$，网络无标度特征不明显，网络异质性较高。

特征路径长度 L：连接任何两个点之间最短途径的平均长度。

$$L = 1/2^{-1}N(N+1)\sum_{i \geqslant j} d_{ij} \tag{6-7}$$

6.2.1.2　数据来源

网络分析方法注重城市体系的关联特征，学术论文合著与专利合作数是两种常见的研究知识创新联系的衡量指标，也是网络分析法分析城市创新体系的主要指标。专利合作常用来分析地理空间之间的创新联系，可以衡量显性知识之间的联系，而科技论文合作则常用来研究城市或区域之间的知识网络。专利合作倾向于市场驱动，而科技论文合作被发现存在空间与政策上的偏见性。分析创新型城市之间的专利合作网络更能体现创新型城市显性知识空间溢出效应渠道与市场现状，分析创新型城市之间的科技论文合作网络更能体现创新型城市隐性知识空间溢出渠道与等级网络体系。为了可以较为全面地体现创新型城市创新联系与创新网络空间结构演化特征，选择发明专利合作数据与科技论文合作数据，形成创新型城市知识创新联系网络。

发明专利合作数据参考牛欣（2013）和李丹丹等（2015）的做法，按申请年度和申请区域进行统计。将 2006～2014 年公开的所有发明专利申请受理数据中涉及的 18 个创新型城市中两两城市之间发明专利申请者的专利抽取出来，即为创新型城市间专利合作数据[①]，发明专利合作数据从中国国家知识产权局（SIPO）检索平台获取。科技论文合作数据参考王贤文（2012）、安德森（Anderson，2014）采用 Web of science 数据库收录

---

① 以北京与天津 2006 年发明专利合作检索式为例：申请日 = 2006 AND 申请（专利权）人 =（北京 and 天津）AND 发明类型 =（"I"）。

的科学论文作为数据来源。Wos 中 SCI、SSCI 等收录的一般具有高水平的学术刊物,分析高水平论文的合作更能体现创新型城市知识合作水平。在 Wos 网页的高级检索中输入检索式①,时间跨度选择 2006 ~ 2014 年 18 个创新型城市之间科技合作论文篇数。最终分别得到 18 × 18 的科技创新联系网络矩阵与知识创新联系网络矩阵。

6.2.2　中国创新型城市创新网络结构特征

6.2.2.1　中国创新型城市知识创新合作联系强度

　　网络的联系是网络形成的关键因素,不存在联系就无法形成网络。在创新网络中,存在较强创新联系的城市,知识的空间溢出效应就越强,在创新网络体系的地位就越重要。表 6 - 4 显示了知识创新网络节点城市的创新联系强度,深圳市、上海市、北京市分别位于 2006 ~ 2014 年创新型城市科技创新网络中联系强度的前三位。而在知识创新网络中联系强度上排名前三位的城市分别为北京市、上海市、南京市,且每年较为稳定。这与安德森等(2014)得出的结论相似,中国科技创新合作倾向于市场化,处于发展初级阶段,不具备稳定性。知识创新合作则偏向于政治等级与城市规模,联系的稳定性较强,可以反映中国创新型城市创新等级体系。北京市与上海市因具有较好的区位优势与较大体量的科研院所与人力资本水平,在科技创新与知识创新网络上均具有较高的创新联系强度。在科技创新网络中,深圳市的科技创新联系强度排名第一。深圳市集聚了大量的科技创新企业,对科技创新要素具有较高的支配功能。

表 6 - 4　　　　　　　　中国创新型城市创新联系强度与排名

排名	中国创新型城市	科技创新联系强度	中国创新型城市	知识创新联系强度
1	深圳	4683	北京	161661

---

① 以北京与天津 2006 年科技论文合作检索式为例:第一步输入 AD = (Beijing or Bei jing or Pecking) 科技论文数时间跨度"从 2006 年至 2006 年",得到 66450 条数据记为编号#1,即北京 2006 年发表的科技论文数;输入 AD = (Tianjin or Tian jin) 时间跨度"从 2006 年至 2006 年"得到 10197 条数据记为编号#2,即天津 2006 年发表的科技论文数,运用 Wos 中高级语法中的布尔运算功能,在 Conbine Sets 中选取检索结果#1 和#2,选择 AND,点击 Combine,得到北京市和天津市的 And 布尔运算结果 914 条,即北京市和天津市 2006 年合作论文数为 914 篇。

排名	中国创新型城市	科技创新联系强度	中国创新型城市	知识创新联系强度
2	上海	4585	上海	89553
3	北京	3520	南京	66867
4	东莞	1384	广州	64575
5	苏州	1140	武汉	46289
6	南京	847	杭州	36830
7	常州	819	成都	33737
8	天津	748	天津	28364
9	广州	613	合肥	26108
10	中山	604	中山	25054
11	无锡	498	重庆	23317
12	珠海	454	深圳	20131
13	武汉	441	苏州	14717
14	成都	369	无锡	10096
15	杭州	295	宁波	8196
16	重庆	295	常州	5388
17	宁波	283	珠海	3362
18	合肥	170	东莞	3045

从创新型城市间的创新网络溢出效应角度来看，创新型城市间的科技创新联系强度特征表现为北京市、上海市与深圳市强—强联系的创新网络空间特征。而知识创新网络联系空间特征则表现为以北京市为创新发散源的网络结构，创新辐射源逐渐分散，形成以南京、上海、广州为区域的创新辐射源，连接西部地区创新型城市的创新联系网络结构特征。

6.2.2.2 网络密度

网络的密度越大，网络之间的相互作用与联系就越紧密，网络间成员的相互影响就会越大。表6-5显示了创新型城市的知识创新网络与科技创新网络密度。可见，中国创新型城市知识创新网络密度要大于科技创新网络密度，知识创新网络发展相对于科技创新网络发展较为成熟。

表6-5　　　　中国创新型城市科技创新网络与知识创新网络密度

	密度连接数标准差		
科技创新网络密度	0.0519	9.5	0.092
知识创新网络密度	0.0526	10	0.079

6.2.2.3　中心性

中心度可以衡量创新型城市在知识创新网络中的重要性，中心度较高的城市可以控制或传递信息从而影响群体。中介中心性（betweenness centrality）另一个刻画网络行动者个体中心度的指标可以衡量网络中的主体对资源的控制能力。一个节点位于许多其他节点对的最短路径上，则称该节点具有较高的中介中心性。

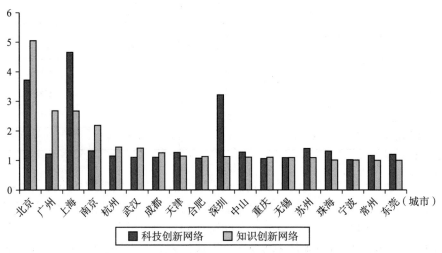

图6-1　中国创新型城市科技创新网络与知识创新网络中心度对比

图6-1显示了创新型城市的科技创新网络与知识创新网络的中心度对比。上海市、天津市、深圳市、中山市、苏州市、珠海市、常州市与东莞市在科技创新网络中的中心性要高于其在知识创新网络中的中心性，这些城市在科技创新网络的影响力要大于知识创新网络，也是多数科技创新企业集聚的城市。北京市、广州市、南京市、杭州市、武汉市、重庆市在知识创新网络的中心性要高于科技创新网络的中心性，这些城市在知识创

新网络中的影响力要高于其在科技创新网络的影响力。这些城市集聚了我国众多的科研院所与研究机构，属于知识文化型创新型城市。

图 6 - 2 显示了我国创新型城市在科技创新与知识创新网络的中介中心性。我国创新型城市在科技创新网络的中介中心性要明显高于创新型城市在知识创新网络的中介中心性，证明了创新型城市在科技创新网络的中介能力要大于其知识创新网络的中介能力。上海市、天津市、北京市、广州市、南京市、苏州市、深圳市、杭州市等在科技创新网络中具有较强的控制科技创新资源的能力。在知识创新网络中，各创新型城市控制知识创新资源的能力相似。因为知识创新要素具有较强本地化与局域性特征，一旦科教资源在该城市聚集就很难发生改变，受空间地理距离的影响较强，导致创新型城市对知识创新资源的支配能力较弱。

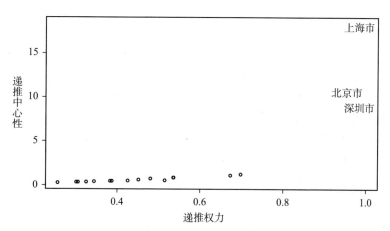

图 6 - 2　中国创新型城市科技创新网络与知识创新网络中介中心性对比

6.2.2.4　网络复杂性

两个相似或者说是同质的个体之间很容易进行创新的交换与合作。当创新扩散的城市与创新接收的城市具有同质性时，沟通最容易发生，网络的溢出效率最高。用节点度分布来描述创新型城市创新网络的几何特征，若度分布函数满足幂律（power-law）分布的网络称为无标度网络。用幂律分布函数的幂指数 $p(k) = ck^{-\gamma}$ 度量网络节点的异质性，幂指数越大，网络节点的异质性越弱，节点之间越容易发生联系。

表 6 - 6 显示了创新型城市科技创新网络与知识创新网络的幂率分布

函数。从创新型城市科技创新网络与知识创新网络节点度数拟合度 R^2 看，两种网络中度分布基本满足幂律分布，即节点度分布存在较大的不均衡性，网络中存在度数较高的中心节点。两种网络度分布的幂指数均高于复杂网络幂指数平均水平，两种创新型城市创新网络中节点度数的异质性低于一般的复杂网络。并且知识创新网络节点度数的异质性要低于科技创新网络节点度数的异质性，说明创新型城市的科技创新能力的差异要大于其知识创新能力。

表6-6 中国创新型城市创新网络幂律分布

创新网络类型	回归函数	R^2
科技创新网络	$p(x) = 0.865x^ - 5.78$	0.930
知识创新网络	$p(x) = 1.408x^ - 8.908$	0.942

如果一个网络规模较大，其中的关系稀疏，不存在核心中心城市，但是具有高度聚类特征的网络称为小世界网络。利用平均路径长度与聚类系数两个指标来刻画创新网络节点城市的小世界网络的性质。表6-7 显示了创新型城市创新网络的路径分布，网络中创新主体之间的路径长度的平均数越小，对创新在网络中扩散与流动越有利。创新型城市的科技创新网络的平均路径为1.139，知识创新合作网络的平均路径为1.003，知识合作网络相比科技创新网络效率更高，网络发展相对更成熟。

表6-7 中国创新型城市创新网络路径分布

	平均路径长度	路径数量	占全部路径比（%）
科技创新网络	1	327	86.10
	2	53	13.90
知识创新网络	1	379	99.70
	2	1	3

创新型城市创新合作网络与知识创新合作网络的群集系数分别为0.86与0.997，满足系数小于1但远大于0的小世界网络集聚结构的要求。知识创新合作网络的群集系数大于科技创新合作网络，且平均最短路径也明显小于科技创新合作网络。说明知识创新合作网络相比科技创新合作网络

更具有小世界网络的属性，中国创新型城市知识创新网络相对于科技创新网络发展更为成熟。

创新型城市不仅能表现为对创新要素的扩散能力，同时也表现为对创新要素具有较强的配置与控制能力。所以不能只用中心度来判断创新型城市的功能效应，还需要结合创新型城市在创新网络中的控制力地位来分析创新型城市功能体系。创新型城市在创新网络中的权力体现为对创新资源具有一定的控制作用，且在城市网络中的有效流通能力，位于中介区位的城市往往能够控制其他两个非邻接城市之间的资源流通。可以用创新型城市在创新网络的中介中心性与结构洞衡量其信息、创新资源等流通的便捷性高低。较多文献都采用网络中节点中心度与中介中心度或结构洞来衡量节点城市在网络中的地位与权力。但是中心度仅测量城市节点的连接能力，不能考虑是否控制其他城市，并非完全的权力测度指标。中介中心度虽然体现了网络节点对资源的控制与支配能力，实证研究中多仅从两者关系的角度衡量城市在创新网络中的地位。很少从第三方关系的角度出发，测度某城市位于两个非邻接城市的快捷连接路径上所拥有的信息垄断利益和操纵利益，从而体现节点城市在网络中的权力与地位，不能很好地测度创新型城市在城市创新网络中的权力。

采用尼尔（Neal，2011）提出的递推中心性、递推权力两个指标来弥补中心度以及中介中心度衡量城市网络地位与权力的指标。递推中心性为城市节点 i 在全网能够有效调动的交易规模，用公式 $RC_i = \sum_{j=1}^{n} r_{ij} \times c_j$，其中 RC_i 为城市 i 的递推中心性，c_j 为城市 j 的中心度；r_{ij} 为城市 i 与城市 j 的联系总量；递推中心性反映了全网的一种发散的拓扑结构，如果城市 i 的直接连接规模性（中心度）较高，且与其他连接的城市也有较高的直接连接规模，那么城市 i 就具备较高的递推中心性。

递推权力则充分考虑了间接连接城市的外部影响，较为全面地体现了城市在整个创新网络中的权力。递推权力用公式 $RP_i = \sum_{j=1}^{n} r_{ij}/c_j$，其中 RP_i 为城市 i 的递推中心性。c_j 与 r_{ij} 递推中心性的表述一致，用城市 j 中心度的倒数加权得到城市 i 对城市 j 的网络控制力，即城市 i 如果作为城市 j 唯一合作伙伴的可能性大小，计算得到城市 i 在全网的递推权力。递推权力是从整体的视角，递推权力可以体现网络结构对所有节点权力的影响。而中间中心度体现的是单独一个城市节点的"桥梁"优势，体现局部网络的中介作用。

通过对递推中心度与递推权力的测度来识别创新型城市在国家创新型城市体系中的功能与地位。运用软件 Stata 14 中 centpow 命令计算得出中国创新型城市递推中心性与递推权力。表 6 - 8 显示了创新型城市在科技创新网络的递推中心性与递推权力的计算结果。上海市、北京市与深圳市的递推中心性高于其中心度，在全国创新型城市中是科技创新资源的中心，同时深圳市与上海市的递推权力高于北京市。深圳市与上海市集聚了大量科技创新企业，遵循市场规律，对科技创新资源具有较高的支配性。

表 6 - 8　中国创新型城市科技创新合作网络的递推中心性与递推权力

排名	城市	中心度	城市	递推中心性	城市	递推权力
1	上海	4.28	上海	18.31	深圳	1.00
2	北京	3.32	北京	10.58	上海	1.00
3	深圳	3.00	深圳	9.01	北京	0.96
4	广州	1.30	广州	1.18	广州	0.70
5	南京	1.28	南京	1.10	南京	0.67
6	珠海	1.26	珠海	0.85	东莞	0.54
7	东莞	1.22	东莞	0.79	珠海	0.53
8	天津	1.20	天津	0.69	中山	0.51
9	苏州	1.15	苏州	0.59	天津	0.48
10	常州	1.07	中山	0.54	苏州	0.45
11	无锡	1.06	常州	0.48	常州	0.43
12	重庆	1.06	无锡	0.43	无锡	0.39
13	武汉	1.04	重庆	0.43	重庆	0.38
14	成都	1.03	武汉	0.37	武汉	0.34
15	中山	1.02	杭州	0.33	杭州	0.32
16	杭州	1.02	成都	0.32	合肥	0.30
17	宁波	1.01	合肥	0.30	成都	0.30
18	合肥	1.00	宁波	0.26	宁波	0.26

　　表 6-9 显示了中国创新型城市在知识创新网络的递推中心性与递推权力。在中国创新型城市知识创新网络中，北京市与上海市集聚了大量的科研院所与丰富的科教创新资源，在全国创新型城市知识创新网络中具有较高的地位与影响力。但是深圳市在我国创新型城市知识创新网络的优势要明显低于其在科技创新网络体系的地位与影响力。由于深圳市发展较为年轻，缺乏深厚的历史文化积淀与知名的科研院所，在创新型城市知识创新网络体系中影响力较低。而南京等历史文化名城在创新型城市知识创新网络中具有较高的中心性。广州市处在优势的地理位置与交通枢纽，在创新型城市的知识创新网络中具有较大影响力。

表 6-9　　中国创新型城市知识创新网络的递推中心性与递推权力

排名	城市	中心度	城市	递推中心度	城市	递推权力
1	北京	4.42	北京	19.50	广州	2.33
2	上海	2.55	上海	6.19	北京	1.00
3	杭州	2.53	南京	4.65	上海	0.95
4	南京	2.26	杭州	2.50	南京	0.91
5	合肥	1.41	广州	2.34	武汉	0.72
6	武汉	1.38	武汉	1.38	成都	0.66
7	中山	1.27	成都	1.04	中山	0.54
8	成都	1.25	中山	0.86	重庆	0.51
9	东莞	1.18	合肥	0.84	天津	0.47
10	天津	1.12	重庆	0.60	合肥	0.42
11	深圳	1.12	天津	0.59	深圳	0.41
12	苏州	1.11	深圳	0.51	杭州	0.39
13	重庆	1.08	苏州	0.46	苏州	0.37
14	无锡	1.04	无锡	0.27	无锡	0.25
15	宁波	1.00	宁波	0.19	宁波	0.19
16	广州	1.00	常州	0.14	常州	0.14
17	常州	1.00	东莞	0.08	东莞	0.06
18	珠海	1.00	珠海	0.05	珠海	0.05

图6-3显示了我国创新型城市在科技创新网络递推中心性与递推权力对比。图中显示：上海市、北京市、深圳市在创新型城市科技创新中的网络地位与影响力明显区别于其他创新型城市，既是科技创新资源的集聚中心，又对科技创新资源具有控制与吸引力。是国家科技型创新型城市，也是未来发展潜力较大的全球创新型城市。

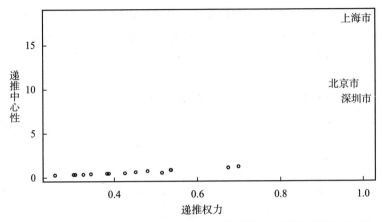

图6-3　中国创新型城市在科技创新网络的递推中心性与递推权力对比

图6-4显示了中国创新型城市在知识创新网络的递推中心性与递推权力。北京市在知识创新网络中具有较高的地位与影响力，是中国知识创新要素的集聚地与知识创新要素的控制枢纽。广州市在创新型城市知识创新网络中对知识创新资源具有较强的控制能力，是知识创新要素的集散地。北京市、上海市、广州市、南京市在创新型城市知识创新网络中具有较高的地位与影响力，是国家知识创新型城市，具有较大的潜力成为未来全球知识创新型城市。比较图6-3与图6-4可以看出，我国的科技创新资源相对于知识创新资源在创新型城市之间具有较高的知识流动能力。由于户籍制度的制约、人才引进力度不够与交通基础设施不完善等问题是知识创新资源在创新型城市之间流动性不高的重要原因。

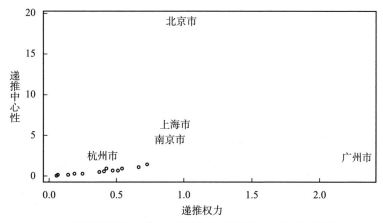

图 6 - 4　中国创新型城市在知识创新网络的递推中心性与递推权力对比

6.2.3　提升路径选择

　　知识创新要素的流动形成的创新网络溢出效应是在全球化与信息化时代背景下，创新型城市获取创新资源、提高创新效率、保持经济持续增长的重要渠道。中国创新型城市的知识创新网络结构的发展要成熟于其科技创新网络结构，但是由于知识创新要素具有区域空间的黏滞力等隐性知识属性，知识创新要素在创新型城市知识创新网络中的流动性不强。一些发展水平较高的知识型创新型城市虽然在知识创新网络中具有较高的地位，但是对创新资源的配置力不强导致网络的溢出效率较低。

　　结合中国创新型城市知识创新网络结构特征，虽然中国知识创新网络发展相对成熟于其科技创新网络，但是对知识创新资源的支配功能较弱，并没有形成网络的协同创新效应。处于创新网络节点的创新型城市需要加大对科研院所与人力资本的投资、激励人才引进、提高城际交通基础设施，鼓励各城市的高校与科研院所进行学术会议交流、优化城市创新环境、鼓励知识创新跨区域合作、提高创新型城市创新网络的溢出效应。尤其是知识文化型创新型城市如北京市、上海市、南京市、广州市借助自身的历史文化与科教创新资源，加强国际间的知识交流力度与科研合作，提高引进人才并留住人才的优惠政策力度，打造包容、开放以及多样化的创新环境，加强人才流动的同时也吸引人才的集聚。

　　中国创新型城市的科技创新网络具有较高的网络溢出效应，但是只体现在少数创新型城市之间，网络节点的差异性较大。科技创新的发展更需要强大的经济基础与产业集群环境的支持，中国创新型城市在科技创新网络中要想有效获得网络溢出效应，需要加大 R&D 科技资本的投入，进行高科技产业园区的建设。鼓励本土创新型企业成长的基础上，吸引外资企业进驻我国创新型城市设立运营机构。在提高自身知识吸收能力的基础上，加大各国内外创新型城市科技创新合作，加强科技创新中介机构与咨询机构的建立，缩小创新型城市间的差异，提高创新型城市科技创新网络的运行效率。中国的科技创新资源在创新型城市科技创新网络中的分布与发展较多以市场为主导，所以在此背景与特征下，创新产业的发展要有全球眼光，探析全球创新发展趋势。有能力集成全球创新资源，不断融入科技合作交流的大环境中，打开自身科技产品在国际上的市场。有效利用国际展会等平台进行技术项目的交流合作，加强国际技术交流活动是提高科技型创新型城市未来发展的主要路径。

在全球化知识经济时代下，国家创新型城市不仅表现为相互之间的创新联系，同时也与全球创新型城市具有紧密的联系，形成知识溢出网络。所以创新型城市不仅在全国范围与区域具有较强的自主创新能力，也同时具有吸收外国创新资源知识吸收能力，成为具有国际影响力的创新城市。全球创新型城市的内涵有两个：其一是要求创新型城市在创新领域具有控制力与辐射带动能力；其二是体现在全球创新网络中占据关键环节与引领地位的城市。全球科技创新中心是全球创新网络中技术、信息、人才、资本的联系与流动的重要枢纽，不仅具备强大的知识、技术生产能力，同时也具备了强大的知识、技术输出能力。通过中国创新型城市网络结构特征分析得出：北京市、上海市、深圳市在中国创新型城市科技创新网络中具有较高的地位和对创新资源的支配能力，具有发展为全球创新型城市的潜力。

北京市作为我国的政治、经济和文化中心，具有丰富的科教资源、世界一流的高等学府和高级研究机构，得天独厚的政治区位文化优势，像一个极磁吸引着周边、全国乃至全球创新资源的集聚。但是北京市的资源优势并没有转化为相应的创新优势，没有完全有效地对创新资源进行合理的配置与运用，发挥创新型城市扩散辐射效应，起到协同创新作用。从知识溢出的角度，北京市虽然是中国的创新核心城市，但缺乏全球创新型城市对知识的支配与控制能力。虽然具备强大的知识、技术生产能力，但同时缺乏知识、技术的输出能力。虽然北京市在国家创新型城市体系中有较大的创新能级，但是对外科技辐射的范围有限，资源输出的规模小于流入规模，对所在区域没有起到创新辐射作用。根据全球创新型城市成长经验，大多数全球创新型城市的成长依托在发展成熟的大都市区域或城市群中。位于京津冀城市群的北京市首先要依托城市群发挥城市辐射扩散的带动功能，借助城市群的网络溢出效应进行技术的变迁与转移，加快技术变迁的速度，才很有可能实现城市的可持续发展。

上海市的科技创新能力一直处于全国领先地位，因为其优越的地理位置以及全球影响力，其科技创新很大程度均依靠于外资企业。而外资科技产业的"无根性"使上海市的科技创新面临巨大风险，加强科教资源的建设并与企业项目对接，鼓励培育本土企业，释放科技创新的原动力，提高创新资源的配置力。上海市作为全国的金融中心，发挥金融中心的优势与科技创新对接，提高自己在全国与全球的商业服务能力，成为全球创新网络控制创新资源的重要节点。

深圳市是我国第一个创新型城市建设的试点城市。但是由于城市发展较为年轻，缺乏浓厚的历史文化积淀与知名的科研院所，对科研人才的吸引力不够。所以深圳市没有走以国有高校和科研院所为主体的创新机制，而是以科技产业为基础，以企业为主体，以市场为导向的创新发展之路。企业为深圳市的创新发展带来活力与实力，市场为深圳市带来了机遇。但是这种发展模式给深圳市的创新增添了更多的功利性。因为深圳市非企业、教育等传统事业机构因历史原因尚未形成气候，只能依赖企业从国外引进原创技术，或者与企业城市的高校和科研机构开展多种形式的联合。深圳市缺乏承担基础理论领域与创新内容的研发，主要集中将应用科技作为产业提升，这是不同于北京市、上海市创新型城市建设的主要区别点。深圳市在高等教育体系上存在先天缺陷并抑制了自主创新能力的提高，需要做好人才的引进、加强科研院所的实力与影响力是深圳市实现创新型可持续发展的主要途径。

6.3　小　　结

集聚是城市形成的特征，也是经济增长的原因，也是创新型城市发挥知识集散效应的来源。选择符合创新型城市发展阶段的集聚模式可有效提高创新型城市的建设效率。实证研究证明专业化的集聚模式对创新型城市的知识创新能力影响不大，而多样化的产业集聚与创新型城市知识创新能力存在"U"形关系，是提高创新型城市自主创新能力的主要产业集聚模式。同时无论是专业化的产业集聚模式还是多样化的产业集聚模式对地理空间邻近的创新型城市的知识创新能力均不会产生影响。但是成熟的专业化的集聚模式会推动中小规模创新型城市进入创新网络，帮助中小型创新型城市获得知识溢出效应，提高城市创新水平。协同效应其实是来自差异与多样化的创新活动，已经拥有较高经济发展水平、便利化的交通基础设施与高水平的网络通信技术的大规模创新型城市要重点建设多样化环境。通过打造产业多样化的集聚模式与多样化环境，以提高自主创新力为主要目标，发展建设为具有全球影响力的创新型城市。中小规模的创新型城市在不具备人口规模多样化的情况以专业化的产业集聚模式为主，通过创新网络的知识溢出效应获取创新资源，提高知识创新能力。

中国创新型城市知识创新网络结构特征表现为：创新节点中心性较高，但是知识创新要素的流动性不强，网络的溢出效率较低。中国创新型城市的科技创新网络特征表现为：节点城市在科技创新网络的差异较大，只有北京市、上海市与深圳市既具有较高网络中心性也表现为较强的创新资源支配能力，这三个创新型城市具有发展为全球创新型城市的条件与潜力。因地制宜，结合创新型城市发展规模、发展规律、资源禀赋的比较优势进行差异化、个性化的城市创新路径选择。有效利用全球创新网络溢出效应，获取国际创新资源是未来中国创新型城市在实践建设与研究中的主要方向与突破口。

第 7 章

主要结论与讨论

从知识溢出效应的视角结合知识经济时代、全球化与国家创新驱动战略背景，界定创新型城市的内涵、核心功能以及其功能发挥的外部效应。补充完善创新型城市理论体系，诠释创新型城市经济持续增长与功能发挥的理论机制。构建创新型城市识别模型，解释创新型城市外部功能发挥与内在经济增长关系机制。以知识溢出的空间效应识别发挥创新型城市核心功能中国创新型城市，并对识别出的中国创新型城市的功能效应与经济效应进行验证。重点从创新型城市创新的集散效应与创新网络溢出效应的角度提出中国创新型城市建设与发展的提升路径。主要结论如下。

第一，国家战略背景创新型城市的内涵与特征可归纳三个方面：（1）在知识经济时代与全球化背景下，创新型城市为以创新为核心驱动力的城市发展模式；（2）创新型城市内部特征表现为较高水平知识创新能与可持续经济增长；（3）创新型城市是区域与国家的创新增长极，具有创新集聚、扩散与支配功能。

第二，创新型城市在发挥其核心创新功能的过程会产生知识溢出空间效应，在城市创新空间格局中表现为极化、集聚与创新网络节点的空间特征。可通过知识溢出的空间效应识别发挥创新集聚、扩散与支配功能的创新型城市。

第三，中国城市创新空间格局特征表现出较大的空间差异与空间相关性，在地理空间的邻近关系与创新网络关系下城市创新之间都存在知识空间溢出效应，且城市在创新过程中的知识空间溢出效应不仅可以有效提高周边城市的整体创新水平，也是中国城市创新空间格局形成的主要原因。

第四，创新型城市不仅表现出较高的知识创新能力，且对知识创新要素具有集聚、扩散与支配功能。通过对城市知识创新能力的测度和城市知识创新空间格局特征分析，识别出在城市知识创新空间格局表现为创新极化、扩散与网络节点的空间特征，即发挥创新集聚、扩散与创新资源支配功能的创新型城市。这些城市分别为位于京津冀城市群的北京、天津；位于长江三角洲城市群的上海、苏州、南京、杭州、常州、无锡、宁波、合肥；位于珠江三角洲城市群的广州、深圳、珠海、中山、东莞；位于长江中游城市群的武汉市和位于成渝城市群的重庆与成都。

第五，创新扩散模型与经济增长空间杜宾模型验证了基于知识溢出空间效应识别出的 18 个创新型城市即具有创新集聚、扩散与创新支配功能，也具有经济持续增长的内部本质特征，其外部功能与内部本质相互体现与相互影响。创新要素的集聚功能的发挥是创新型城市的前提，也是降低创新成本、促进经济增长的主要原因。创新扩散功能的发挥是创新型城市发展成熟的表现，与经济增长存在"U"形关系，起到创新型城市协同创新效应。创新支配功能的发挥是创新型城市在全球化与信息化背景下获取新的创新资源、形成创新联系网络的主要原因。其功能作用的发挥不仅可以促进创新型城市再次创新、提高创新能力，同时也促进了创新型城市经济的持续增长。不同的核心功能效应体现了创新型城市发展的不同阶段，可以通过创新型城市知识溢出的空间效应识别发挥核心功能的创新型城市，并且观察其发展现状与阶段。

第六，多样化的产业集聚模式是未来中国创新型城市建设与发展的主要路径，而中小规模的创新型城市在具有一定的经济基础上结合自身创新资源禀赋，通过优势产业专业化集聚模式融入创新型城市创新网络，提高交通便利性与信息技术水平，加大与具有影响力的创新型城市进行创新联系与合作，通过知识溢出效应提高自身创新水平。中国创新型城市知识创新网络体系表现为以少数创新型城市为辐射源进行创新扩散的网络结构特征。创新型城市的科技创新网络差异要大于知识创新网络，只有北京市、上海市与深圳市在中国创新型城市创新网络体系中既具有较高的网络地位，又对创新资源具有较高的支配能力。这些城市具有发展为全球创新型城市的潜力与条件，在提高自主创新能力的同时，发挥其资源比较优势全球创新资源的互动与交流，提高自身在全球城市创新网络体系中的影响力。

在全球化与知识经济时代，创新型城市的存在不再局限于解决城市问题，而更需较多关注在区域甚至国家空间尺度范围内创新型城市对区域创新协同、国家整体创新水平提高的功能作用。然而知识溢出效应是形成中国城市创新空间格局特征的主要原因之一，在创新型城市发挥其功能作用的同时产生的知识溢出效应其在空间表现为创新极化、集聚与创新网络节点的空间特征，可以通过知识溢出效应的空间特征识别创新型城市，并且可以通过创新型城市在城市创新空间格局的特征判断创新型城市的发展阶段，从而针对城市的发展现状，按照城市的发展规律与资源禀赋提出未来创新型城市发展的主要路径以及以下启示。

首先，创新型城市功能的发挥反映了区域创新体系建设中的"点—面关系"，也体现了以点带面、以面带圈的循序渐进的战略方针。处于创新型城市发展初级阶段，以发挥城市创新集聚功能为主的创新型城市不能将发展眼光局限于其邻近周边城市，以吸取周边城市创新要素来提高自身创新水平，而是不断提高自身自主创新能力，以专业化的产业集聚模式积极融入国家与全球城市创新网络，成为跨区域创新网络节点城市，起到网络协同效应。而以发挥创新扩散功能效应为主的创新型城市，更应该注重其所在的创新型城市群建设，依托城市群 1 + 1 > 2 城市群创新协同效应，提高区域创新的整体水平。以主要发挥创新网络支配功能的创新型城市更应该加强信息化技术的建设，跻入全球创新型城市网络体系，不仅获取全球创新资源还更应该提高其在全球创新型城市网络体系的影响力，从而提高国家在国际上的综合竞争力。其次，中国城市创新依然存在较大的差距，真正发挥功能效应的创新型城市仅占少数，未来对城市创新投资建设中，需加大创新型城市的人力资本的投入以及科研人才的引进，而对非创新型城市的创新发展更应该加强其科研经费的投入，从而有的放矢地促进国家、区域整体创新的发展。最后，以市场为导向的科技创新网络更有助于知识创新网络的溢出，所以中国创新型城市在科技创新网络中要想有效获得网络溢出效应，需要加大 R&D 科技资本的投入，进行高科技产业园区的建设。鼓励本土创新型企业成长的基础上，吸引外资企业进驻我国创新型城市设立运营机构。在提高自身知识吸收能力的基础上，加大各国内外创新型城市科技创新合作，依托企业加大跨区域的创新合作，加强科技创新中介机构与咨询机构的建立，产学研深度融合从而提高创新型城市科技创新网络的运行效率。中国的科技创新资源在创新型城市科技创新网络中的分布与发展较多以市场为主导，所以在此背景与特征下，创新产业的发展要有全球眼光，探析全球创新发展趋势。汲取全球创新资源，不断融入科技合作交流的大环境中，打开自身科技产品在国际上的市场。

有效利用国际展会等平台进行技术项目的交流合作，加强国际技术交流活动，建设具有全球影响力的国家技术创新中心，有效发挥网络溢出效应是未来全球化与知识经济时代背景下中国创新型城市的主要建设路径与政策导向。

参 考 文 献

[1] 邹德慈：《构建创新型城市的要素分析》，载《中国科技产业》2005 年第 10 期。

[2] 朱凯、胡畔、王兴平：《我国创新型都市圈研究：源起与进展》，载《经济地理》2014 年第 6 期。

[3] 周元：《中国区域自主创新研究报告》，知识产权出版社 2007 年版。

[4] 周密、孙浬阳：《专利权转移、空间网络与京津冀协同创新研究》，载《科学学研究》2016 年第 11 期。

[5] 中国科学院：《中国创新发展报告》，科学出版社 2009 年版。

[6] 中国科技发展战略研究小组：《中国区域创新能力报告（2005～2006）》，载《中国科技论坛》2006 年第 5 期。

[7] 赵勇、白永秀：《知识溢出：一个文献综述》，载《经济研究》2009 年第 1 期。

[8] 赵清：《创新型城市的理论与实践分析》，载《首都经济贸易大学学报》2010 年第 2 期。

[9] 赵黎明：《城市创新系统》，天津大学出版社 2002 年版。

[10] 张忠寿：《创新型城市建设中创新型经济的作用》，载《城市问题》2011 年第 11 期。

[11] 张玉明：《中国创新产出的空间分布及空间相关性研究》，辽宁省哲学社会科学学术年会会议论文，2009 年。

[12] 张玉明、聂艳华、李凯：《知识溢出对区域创新产出影响的实证分析——以高技术产业为例》，载《软科学》2009 年第 7 期。

[13] 张艳、刘亮：《经济集聚与经济增长——基于中国城市数据的实证分析》，载《世界经济文汇》2007 年第 1 期。

[14] 张洁、刘科伟、刘红光：《我国主要城市创新能力评价》，载《科技管理研究》2007 年第 11 期。

［15］张冬玲、王贤文、侯剑华：《中国城市间高水平科学论文合作网络的分析》，载《中国科技论坛》2008 年第 9 期。

［16］詹正茂、熊思敏：《创新型国家建设报告：Annual report on building an innovation-oriented country》，社会科学文献出版社 2010 年版。

［17］［挪］詹·法格伯格、［美］戴维·莫利、理查德·纳尔逊：《牛津创新手册》，柳卸林译，知识产权出版社 2009 年版。

［18］［美］约瑟夫·阿洛伊斯·熊彼得：《经济发展理论》，何畏译，左岸文化出版社 2009 年版。

［19］虞义华：《空间计量经济学理论及其在中国的实践应用：The theory of spatial econometrics and its practice in China》，经济科学出版社 2015 年版。

［20］尤建新、卢超、郑海鳌：《创新型城市建设模式分析——以上海和深圳为例》，载《中国软科学》2011 年第 7 期。

［21］杨培：《专业化、多样化对中国城市技术创新的影响》，华中科技大学博士学位论文，2010 年。

［22］杨凡、杜德斌、林晓：《中国省域创新产出的空间格局与空间溢出效应研究》，载《软科学》2016 年第 10 期。

［23］杨冬梅：《创新型城市的理论与实证研究》，天津大学博士论文，2006 年。

［24］杨冬梅、赵黎明、闫凌州：《创新型城市：概念模型与发展模式》，载《科学学与科学技术管理》2006 年第 8 期。

［25］徐雪琪、程开明：《创新扩散与城市体系的空间关联机理及实证》，载《科研管理》2008 年第 5 期。

［26］夏海斌、王铮：《中国大陆空间结构分异的进化》，载《地理研究》2012 年第 12 期。

［27］吴玉鸣：《中国区域研发、知识溢出与创新的空间计量经济研究》，人民出版社 2007 年版。

［28］吴艳、高汝熹、陈跃刚：《知识密集型服务业特征及空间布局研究》，载《经济体制改革》2007 年第 1 期。

［29］吴素春：《中国创新型城市国际合作网络研究》，载《世界地理研究》2013 年第 3 期。

［30］吴建新：《创新与中国经济增长》，载《山西财经大学学报》2007 年第 7 期。

[31] 魏守华：《国家创新能力的影响因素——兼评近期中国创新能力演变的特征》，载《南京大学学报》（哲学·人文科学·社会科学）2008 年第 3 期。

[32] 魏江、胡胜蓉：《知识密集型服务业创新范式》，科学出版社2007 年版。

[33] 王志鹏、李子奈：《外商直接投资、外溢效应与内生经济增长》，载《世界经济文汇》2004 年第 3 期。

[34] 王铮、葛昭攀：《中国区域经济发展的多重均衡态与转变前兆》，载《中国社会科学》2002 年第 4 期。

[35] 王秋影、吴光莲、庞瑞秋：《创新型城市与长春市创新能力评析》，载《经济地理》2009 年第 10 期。

[36] 王萍、刘思峰：《基于熵值法的高新园区自主创新能力综合评价研究》，载《科技管理研究》2009 年第 7 期。

[37] 王立平、孙韩：《知识外部性与知识溢出》，载《科学经济社会》2007 年第 1 期。

[38] 王红霞、高山行：《基于资源利用的企业 R&D 投入与创新产出关系的实证研究》，载《科学学研究》2008 年第 2 期。

[39] 王海燕：《国家创新体系建设：经验、思考与启示》，载《科技与法律》2010 年第 2 期。

[40] 王国顺、张凡、郑准：《我国知识密集型服务业的空间集聚水平及影响因素——基于 288 个城市数据的实证研究》，载《经济地理》2016 年第 4 期。

[41] 王春杨、张超：《地理集聚与空间依赖——中国区域创新的时空演进模式》，载《科学学研究》2013 年第 5 期。

[42] 万钢：《利用全球资源推动自主创新》，载《中国科技产业》2007 年第 9 期。

[43] 童昕、王缉慈：《北京与上海创新性产业比较研究》，载《城市规划》2005 年第 4 期。

[44] 滕丽：《区域溢出》，科学出版社 2010 年版。

[45] 谭文波：《资源基础型城市群创新体系构建动力及模式研究》，中国矿业大学（北京）博士论文，2011 年。

[46] 孙友霞、熊励、韩昌玲：《我国知识密集型服务业创新能力实证研究》，载《科技进步与对策》2010 年第 27 期。

[47] 孙红兵:《我国地区间城市创新能力差异的实证分析——基于创新系统的观点》,载《经济问题探索》2011 年第 10 期。

[48] 孙红兵、向刚:《城市创新系统的创新综合能力评价》,载《经济问题探索》2011 年第 3 期。

[49] 隋映辉:《城市创新系统与"城市创新圈"》,载《学术界》2004 年第 3 期。

[50] 司尚奇、冯锋:《我国跨区域技术转移联盟研究——基于 38 个城市合作网络分析》,载《科学学研究》2010 年第 8 期。

[51] 时省、王腊芳、赵定涛:《KIBS 集聚、区域创新及人力资本门槛效应》,载《系统工程》2014 年第 3 期。

[52] 施杨、李南:《研发团队知识交流网络中心性对知识扩散影响及其实证研究》载《情报理论与实践》2010 年第 4 期。

[53] 沈体雁:《空间计量经济学》,北京大学出版社 2010 年版。

[54] 桑曼乘:《区域经济网络的增长效应研究》,暨南大学博上学位论文,2015 年。

[55] 牛欣、陈向东:《城市间创新联系及创新网络空间结构研究》,载《管理学报》2013 年第 4 期。

[56] 马晓强、韩锦绵:《由城市创新转向创新型城市的约束条件和实现途径》,载《西北大学学报》(哲学社会科学版)2008 年第 3 期。

[57] 马晓蕾、马延吉:《基于 GIS 的中国地级及以上城市交通可达性与经济发展水平关系分析》,载《干旱区资源与环境》2016 年第 4 期。

[58] 马海涛、方创琳:《全球创新型城市的基本特征及其对中国的启示》,中国地理学会学术年会会议论文,2012 年。

[59] 马海涛、方创琳、王少剑:《全球创新型城市的基本特征及其对中国的启示》,载《城市规划学刊》2013 年第 1 期。

[60] 吕拉昌、李勇:《基于城市创新职能的中国创新城市空间体系》,载《地理学报》2010 年第 2 期。

[61] 罗发友:《中国创新产出的空间分布特征与成因》,载《湖南科技大学学报(社会科学版)》2004 年第 6 期。

[62] 刘清春、王铮:《中国区域经济差异形成的三次地理要素》,载《地理研究》2009 年第 2 期。

[63] 刘乃全、吴友、赵国振:《专业化集聚、多样化集聚对区域创新效率的影响——基于空间杜宾模型的实证分析》,载《经济问题探索》

2016 年第 2 期。

[64] 刘雷、喻忠磊、徐晓红：《城市创新能力与城市化水平的耦合协调分析——以山东省为例》，载《经济地理》2016 年第 6 期。

[65] 刘军：《整体网分析》，格致出版社 2014 年版。

[66] 李平、崔喜君、刘建：《中国自主创新中研发资本投入产出绩效分析——兼论人力资本和知识产权保护的影响》，载《中国社会科学》2007 年第 2 期。

[67] 李敏纳、蔡舒、覃成林：《黄河流域经济空间分异态势分析》，载《经济地理》2011 年第 3 期。

[68] 李君华：《学习效应、拥挤性、地区的分工和集聚》，载《经济学》（季刊）2009 年第 3 期。

[69] 李国平、王春杨：《我国省域创新产出的空间特征和时空演化——基于探索性空间数据分析的实证》，载《地理研究》2012 年第 1 期。

[70] 李丹丹、汪涛、魏也华：《中国城市尺度科学知识网络与技术知识网络结构的时空复杂性》，载《地理研究》2015 年第 3 期。

[71] 科技部：《关于进一步推进创新型城市试点工作的指导意见》，2010 年。

[72] 蒋天颖：《浙江省区域创新产出空间分异特征及成因》，载《地理研究》2014 年第 10 期。

[73] 姜磊、季民河：《城市化、区域创新集群与空间知识溢出——基于空间计量经济学模型的实证》，载《软科学》2011 年第 12 期。

[74] 纪宝成：《创新型城市战略论纲》，中国人民大学出版社 2009 年版。

[75] 胡钰：《创新型城市的评价与实现》，载《科技进步与对策》2009 年第 1 期。

[76] 胡树华、牟仁艳：《创新型城市的概念、构成要素及发展战略》载《经济纵横》2006 年第 8 期。

[77] 贺灿飞、郭琪、马妍：《西方经济地理学研究进展》，载《地理学报》2014 年第 8 期。

[78] 顾新：《区域创新系统的运行》，载《中国软科学》2001 年第 11 期。

[79] 高丽娜、朱舜、李洁：《创新集聚与溢出、空间效应与长三角城市群协同发展》，载《华东经济管理》2016 年第 5 期。

[80] 符淼:《地理距离和技术外溢效应——对技术和经济集聚现象的空间计量学解释》,载《经济学》(季刊)2009 年第 4 期。

[81] 冯文娜:《高新技术企业研发投入与创新产出的关系研究——基于山东省高新技术企业的实证》,载《经济问题》2010 年第 9 期。

[82] 方创琳、马海涛、王振波:《中国创新型城市建设的综合评估与空间格局分异》,载《地理学报》2014 年第 4 期。

[83] 方创琳、刘毅、林跃然:《中国创新型城市发展报告》,科学出版社 2013 年版。

[84] 樊杰、吕昕、杨晓光:《(高)科技型城市的指标体系内涵及其创新战略重点》,载《地理科学》2002 年第 6 期。

[85] 杜辉:《"创新型城市"的内涵与特征》,载《大连干部学刊》2006 年第 2 期。

[86] 邓明、钱争鸣:《我国省际知识生产及其空间溢出的动态时变特征——基于 Spatial SUR 模型的经验分析》,载《数理统计与管理》2013 年第 4 期。

[87] 邓明、钱争鸣:《我国省际知识存量、知识生产与知识的空间溢出》,载《数量经济技术经济研究》2009 年第 5 期。

[88] 代明、王颖贤:《创新型城市的知识集散效应》,载《城市观察》2010 年第 3 期。

[89] 创新互动中共中央国务院印发:《国家创新驱动发展战略纲要》,载《中华人民共和国国务院公报》2016 年第 15 期。

[90] 何平:《中国创新城市评价报告》,载《统计研究》2009 年第 8 期。

[91] 程开明:《城市专业化、多样性与技术创新能力——基于 195 个地级以上城市面板数据的实证分析》,载《经济统计学》(季刊)2013 年第 1 期。

[92] 程开明:《城市化促进技术创新的机制及证据》,载《科研管理》2010 年第 2 期。

[93] 陈昭、刘珊珊、邬惠婷:《创新空间崛起、创新城市引领与全球创新驱动发展差序格局研究》,载《经济地理》2017 年第 1 期。

[94] 陈勇鸣:《上海离创新型城市有多远——兼评〈上海市科教兴市统计指标体系〉》,载《党政论坛》2007 年第 1 期。

[95] 陈文婵、黄震方、蒋卫国:《长江中游经济带区域经济差异及

其时空演变特征》，载《热带地理》2013 年第 3 期。

［96］陈媞：《创新型城市的形成机理及评价指标体系研究》，武汉理工大学博士学位论文，2012 年。

［97］陈曼青、张涛：《创新型城市研究的历史追溯》，载《当代经济》2016 年第 6 期。

［98］陈傲、柳卸林、程鹏：《空间知识溢出影响因素的作用机制》，载《科学学研究》2011 年第 6 期。

［99］曾浩、邱烨、李小帆：《基于动态因子法和 ESDA 的资源环境承载力时空差异研究——以武汉城市圈为例》，载《宁夏大学学报》（人文社会科学版）2015 年第 1 期。

［100］曹勇、蒋振宇、孙合林：《知识溢出效应、创新意愿与创新能力——来自战略性新兴产业企业的实证研究》，载《科学学研究》2016 年第 1 期。

［101］安虎森：《增长极形成机制及增长极与外围区的关系》，载《南开学报哲学社会科学版》2007 年第 4 期。

［102］安虎森：《新区域经济学》，东北财经大学出版社 2008 年版。

［103］J. 保罗·埃尔霍斯特. 空间计量经济学：从横截面数据到空间面板. 中国人民大学出版社 2015 年版。

［104］Williamson. J. G, Regional Inequality and the Process of National Development：a Description of the Patterns. *Economic Development and Cultural Change*, Vol. 13, No. 4, 1965, pp. 1 – 84.

［105］Watts. D. J, Strogatz S. H, Collective Dynamics of "Small – World" Networks. *Nature*, Vol. 393, No. 6684, 1998, pp. 440 – 442.

［106］Tobler. W. R, Frame independent spatial analysis. 1989：107 – 114.

［107］Taylor. P. J, Catalano. G, Walker. D. R. F, Exploratory Analysis of the World City Network. *Urban Studies*, Vol. 39, No. 13, 2002, pp. 2377 – 2394.

［108］Shaw – Ching, Liu. B, Madhavan. R, Sudharshan. D, DiffuNET：The impact of Network Structure on Diffusion of Innovation. *European Journal of Innovation Management*, Vol. 8, No. 2, 2005, pp. 240 – 262.

［109］Romer. P. M, Increasing Returns and Long – Run Growth. *Journal of Political Economy*, Vol. 94, No. 5, 1986, pp. 1002 – 1037.

[110] Romer. P. M, Endogenous Technological Change. *Levines Working Paper Archive*, Vol. 98, No. 98, 1989, pp. 71 – 102.

[111] Richard Cooper, Richard. R. Nelson, National Innovation Systems. *Foreign Affairs*, Vol. 72, No. 5, pp. 1 – 112.

[112] Rallet. A, Torre. A, Is Geographical Proximity Necessary in the Innovation Networks in the Era of Global Economy. *Geo Journal*, Vol. 49, No. 4, pp. 373 – 380.

[113] Polanyi. M, Tacit Knowing: Its Bearing on Some Problems of Philosophy. *Review of Modern Physics*, Vol. 34, No. 4, 1962, pp. 601 – 615.

[114] Neal. Z, Differentiating Centrality and Power in the World City Network. *Urban Studies*, Vol. 48, No. 13, pp. 2733 – 2748.

[115] Marshell. A, *Principles of Economics*, London: Macmillan, 1920.

[116] Marceau. J, Introduction: Innovation in the City and Innovative Cities. *Innovation*, Vol. 10, No. 2 – 3, 2008, pp. 136 – 145.

[117] Marceau. J, Innovation in the City and Innovative Cities Introduction. *Innovation Management Policy & Practice*, Vol. 10, No. 2 – 3, 2008, pp. 136 – 145.

[118] Maggioni. M. A, Nosvelli. M, Uberti. T. E, Space Versus Networks in the Geography of Innovation: A European Analysis. *Papers in Regional Science*, Vol. 86, No. 3, 2007, pp. 471 – 493.

[119] Lundvall, Bengt – Åke, National Systems of Innovation: Towards a Theory of Innovation and Interactive Learning. *Research Policy*, Vol. 7, No. 4, 1995, pp. 318 – 330.

[120] Lundvall. B. Å, Johnson. B, Andersen. E. S, et al. , National Systems of Production, Innovation and Competence Building. *Research Policy*, Vol. 31, No. 2, 2002, pp. 213 – 231.

[121] Lucas. R. E, On the Mechanics of Economic Development. *Journal of Monetary Economics*, Vol. 22, No. 1, 1988, pp. 3 – 42.

[122] Lim. U, Knowledge Spillovers, Agglomeration Economies, and the Geography of Innovative Activity: a Spatial Econometric Analysis. *The Review of Regional Studies*, Vol. 34, No. 1, 2004, pp. 11.

[123] Lim, U, The Spatial Distribution of Innovative Activity in US Metropolitan Areas: Evidence from Patent Data. *Journal of Regional Analysis and*

Policy, Vol. 33, No. 2, 2003, pp. 97 – 98.

[124] Li. Y, Phelps. N. A, Knowledge Polycentricity and the Evolving Yangtze River Delta Megalopolis. *Regional Studies*, Vol. 51, No. 7, 2016, pp. 1 – 13.

[125] Li. E. Y, Liao. C. H, Yen. H. R, Co – authorship Networks and Research Impact: A Social Capital Perspective. *Research Policy*, Vol. 42, No. 9, 2013, pp. 1515 – 1530.

[126] LeSage. J. P, Fischer. M. M, Estimates of the Impact of Static and Dynamic Knowledge Spillovers on Regional Factor Productivity. *International Regional Science Review*, Vol. 35, No. 1, pp. 103 – 127.

[127] Lawson. C, Lorenz. E, Collective Learning, Tacit Knowledge and Regional Innovative Capacity. Regional studies, Vol. 33, No. 4, 1999, pp. 305 – 317.

[128] Kuznets. S, Economic Growth and Income Inequality. *The American Economic Review*, Vol. 45, No. 1, 1955, pp. 1 – 28.

[129] Krugman. P. R, *Geography and Trade*. MIT Press, 1991.

[130] Keller. W, International Technology Diffusion. *Journal of economic literature*, Vol. 42, No. 3, 2004, pp. 752 – 782.

[131] Keller. W, Geographic Localization of International Technology Diffusion. *American Economic Review*, Vol. 92, No. 1, 2002, pp. 120 – 142.

[132] Jones. C. I, Time Series Tests of Endogenous Growth Models. *The Quarterly Journal of Economics*, Vol. 110, No. 2, pp. 495 – 525.

[133] Jaffe. A. B, Technological Opportunity and Spillovers of R&D: Evidence from Firms \ Patents, Profits, and Market Value. *The American Economic Review*, Vol. 75, No. 6, 1986, pp. 984 – 1001.

[134] Jaffe. A. B, Trajtenberg. M, Henderson. R, Geographic Localization of Knowledge Spillovers as Evidenced by Patent Citations. *The Quarterly journal of Economics*, Vol. 108, No. 3, 1993, pp. 577 – 598.

[135] Henderson. V, Externalities and Industrial Development. *Journal of Urban Economics*, Vol. 42, No. 3, 1997, pp. 449 – 470.

[136] Henderson. V, Kuncoro A, Turner M, Industrial Development In Cities. *Journal of Political Economy*, Vol. 103, No. 5, 1995, pp. 1067 – 1090.

［137］ Hawthorn. G, Innovation Diffusion as a Spatial Process. *Sociology*, Vol. 3, No. 2, 1969, pp. 270 – 270.

［138］ Hall. P, Creative Cities And Economic Development. *Urban studies*, Vol. 37, No. 4, 2000, pp. 639 – 649.

［139］ Griliches. Z, Patent Statistics As Economic Indicators. *Journal of Economic Literature*, Vol. 28, No. 28, 1991, pp. 1661 – 1707.

［140］ Glaeser. E. L, Learning in Cities. *Journal of Urban Economics*, Vol. 46, No. 46, 2000, pp. 254 – 277.

［141］ Glaeser. E. L, Cities and Ethics: An Essay for Jane Jacobs. *Journal of Urban Affairs*, Vol. 22, No. 4, 2000, pp. 473 – 493.

［142］ Glaeser. E. L, Kallal. H. D, Scheinkman. J. A, Etal, Growth in Cities. *Journal of Political Economy*, Vol. 100, No. 6, 1992, pp. 1126 – 1152.

［143］ Freeman. L. C, Centrality in Social Networks Conceptual Clarification. *Social Networks*, Vol. 1, No. 3, 1997, pp. 215 – 239.

［144］ Freeman. C, *Technology Policy and Economic Performance*. Great Britain: Pinter Publishers, 1989.

［145］ Freeman. C, Networks of Innovators: A Synthesis of Research Issues. *Research Policy*, Vol. 20, No. 5, 1991, pp. 499 – 514.

［146］ Forni. M. Hallin. M, Lippi M, Etal, The Generalized Dynamic – factor Model: Identification and Estimation. *Review of Economics and Tatistics*, Vol. 82, No. 4, 2000, pp. 540 – 554.

［147］ Florida. R, *The Rise of The Creative Class*, New York: Basic Books, 2002.

［148］ Florida. R, Mellander. C, Stolarick. K, Inside The Black Box of Regional Development—Human Capital, The Creative Class and Tolerance. *Journal of Economic Geography*, Vol. 8, No. 5, 2008, pp. 615 – 649.

［149］ Feldman. M. P, The New Economics of Innovation, Spillovers and Agglomeration: Areview of Empirical Studies. *Economics of Innovation and New Technology*, Vol. 8, No. 1 – 2, 1999, pp. 5 – 25.

［150］ Feldman M P, Florida R, The Geographic Sources of Innovation: Technological Infrastructure and Product Innovation in The United States. *Annals of The Association of American Geographers*, Vol. 84, No. 2, 1994, pp. 210 – 229.

［151］ Feldman. M. P, Audretsch. D. B, Innovation in Cities: Science – based Diversity, Specialization and Localized Competition. *European Economic Review*, Vol. 43, No. 2, 1999, pp. 409 – 429.

［152］ Ellison. G, Glaeser. E. L, The Geographic Concentration of Industry: Does Natural Advantage Explain Agglomeration? *The American Economic Review*, Vol. 89, No. 2, 1999, pp. 311 – 316.

［153］ Duranton. G, Puga. D, The Growth of Cities. *Social Science Electronic Publishing*, Vol. 17, No. 3, 2013, pp. 781 – 853.

［154］ Debresson. C, Amesse. F, Networks of Innovators: A Review and Introduction to the Issue. *Research Policy*, Vol. 20, No. 9, 1991, pp. 363 – 379.

［155］ Cooke. P, Uranga. M. G, Etxebarria. G, Regional Systems of Innovation: An Evolutionary Perspective. *Environmentand Planning a*, Vol. 30, No. 9, 1998, pp. 1563 – 1584.

［156］ Cheng. Y. Q, Wang. Z. Y, Ma. J. Analyzing the Space – time Dynamics of Innovation in China. *Acta Geographica Sinica*, Vol. 69, No. 12, 2014, pp. 1779 – 1789.

［157］ Chauncy. D. Harris, The, Market as A Factor in the Localization of Industry in the United States. *Annals of The Association of American Geographers*, Vol. 44, No. 4, 1954, pp. 315 – 348.

［158］ Carlino. G. A, Knowledge Spillovers: Cities' Role in The New Economy. *Business Review*, Vol. 7, No. Q4, 2001, pp. 17 – 26.

［159］ Carlino. G A, Chatterjee S, Hunt R. Knowledge Spillovers and the New Economy of Cities. *Working Papers*, 2001.

［160］ Cantner. U, Graf. H, The Network of Innovators in Jena: An Application of Social Network Analysis. *Research Policy*, Vol. 35, No. 4, 2006, pp. 463 – 480.

［161］ Burt. R. S, The Social Capital of Structural Holes. *The New Economic Sociology: Developments In An Emerging Field*, 2002, pp. 148 – 190.

［162］ Bottazzi. L, Peri. G, Innovation And Spillovers In Regions: Evidence fom European Patent Data. *European Economic Review*, Vol. 47, No. 4, 2003, pp. 687 – 710.

［163］ Blundell. R, Bond. S, Meghir. C, *Econometric Models of Company*

Investment, The Econometrics of Panel Data. Springer Netherlands, 1996, pp. 388 – 413.

[164] Becker M H, Sociometric location and Innovativeness: Reformulation and Extension of the Diffusion Model. *American Sociological Review*, 1970, pp. 267 – 282.

[165] Beaverstock. J. V, Smith. R. G, Taylor. P. J, A Roster of World Cities. *Cities*, Vol. 16, No. 6, 1999, pp. 445 – 458.

[166] Beaudry. C, Schiffauerova. A, Who's Right, Marshall Or Jacobs? The Localization Versus Urbanization Debate. *Research Policy*, Vol. 38, No. 2, 2009, pp. 318 – 337.

[167] Bartelsman. E. J, Caballero. R. J, Lyons. R. K, Customer – and Supplier – driven Externalities. *The American Economic Review*, Vol. 84, No. 4, 1994, pp. 1075 – 1084.

[168] Audretsch. D. B, Feldman. M. P, R&D Spillovers and the Geography of Innovation and Production. *The American Economic Review*, Vol. 86, No. 3, 1996, pp. 630 – 640.

[169] Arrow. K. J, *The Economic Implications of Learning by Doing*, Readings in The Theory of Growth. Palgrave Macmillan UK, 1971, pp. 131 – 149.

[170] Arellano. M, Bover. O, Another Look At Instrumental Variable Estimation of Error Component Models. *Journal of Econometrics*, Vol. 68, No. 1, 1990, pp. 29 – 51.

[171] Anselin. L, Florax. R. J. G. M, Rey. S. J, *Advances in Spatial Econometrics*, Springer – Verlag, 2004.

[172] Andersson. D. E, Gunessee. S, Matthiessen. C. W, The Geography of Chinese Science. *Environment and Planning*, Vol. 46, No. 12, 2014, pp. 2950 – 2971.

[173] Andersson. Å. E, Andersson. D. E, Creative Citiesand the New Global Hierarchy. *Applied Spatial Analysis And Policy*, Vol. 8, No. 3, 2015, pp. 181 – 198.

[174] Alonso – Villar. O, Urban Agglomeration: Knowledge Spillovers and Product Diversity. *The Annals of Regional Science*, Vol. 36, No. 4, 2002, pp. 551 – 573.

[175] Alderson. A. S, Beckfield. J, Power And Position in the World City System. *American Journal of Sociology*, Vol. 109, No. 4, 2004, pp. 811 – 851.

[176] Alderson. A. S, Beckfield. J, Sprague – Jones. J. Intercity Relations and Globalisation: The Evolution of The Global Urban Hierarchy. Urban studies, Vol. 47, No. 9, 2010, pp. 1899 – 1923.

[177] Åke. E. Andersson, David Emanuel Andersson. Creative Cities and The New Global Hierarchy. *Applied Spatial Analysis & Policy*, Vol. 8, No. 3, 2015, pp. 1 – 18.

[178] Caniëls. M. C. J, Verspagen. B, Barriers To Knowledge Spillovers And Regional Convergence in An Evolutionary Model. *Journal of Evolutionary Economics*, Vol. 11, No. 3, 2001, pp. 307 – 329.

后　记

　　本书是在本人博士论文基础上经过前后共五年的努力，进一步地提炼、整理出版。在完成此书时，心里颇多的感慨与感谢。

　　对城市创新的研究起源于区域经济学的集聚，城市是生产要素的集聚地，在集聚的状态下，距离的优势加速了生产要素相互作用与交流，产生的知识溢出是促进经济持续增长的主要原因。随着城市公共基础设施与科学技术的建设与进步，交通与通信网络克服了地理空间的距离，使得生产要素在虚拟空间的相互作用下支持了城市的经济增长与城市作为网络节点枢纽的传播与互联。从城市创新的地理空间分布与集聚演化我们可以发现，城市慢慢已经从集聚、集群走向平衡与网络化节点特征。基于现象探析本质的辩证思维出发，创新型城市的分布演化特征与其外部性功能发挥机制成为本人在博士阶段研究的切入点，并且在此基础上完成了本书。

　　饮其流时思其源，成吾学时念吾师。在完成此书的过程中，感谢我的导师邓宏兵教授。在学术上，邓老师对我严格要求，点拨迷津，又给我充分的自由和发挥，提供给我大量培训、学习和交流的机会，锻炼了我独立自主进行科研的能力，使我受益匪浅；在生活中，对我关心备至，耐心教导，包容有加，爱护如同长辈，让人感念至深。更重要的是，在完成博士论文的过程中，从选题、构思到最后的写作、定稿，无一不倾注了邓老师大量的心血。邓老师以身作则，严肃认真的人格魅力对我的影响不仅停留在学生阶段，至今我已成为一名年轻教师，邓老师的为师之道也深深影响着我，鞭策着我如此为人师。

　　感谢中国地质大学（武汉）经济管理学院所有教导过我、关心过我的老师。特别是经济管理学院应用经济学专业的白永亮、洪水峰、李金滟等各位老师们。他们在学业上对我的一贯帮助铭记于心，他们为人师表的风范与严谨治学的态度是我的榜样。

　　同样，感谢宁夏大学经济管理学院的各位领导与老师对我的帮助与指导，感谢杨国涛院长、张恒书记、张会萍教授、杨韶艳教授等老师对我这名年轻教师在工作与学习上的谆谆教诲与帮助，使我可以顺利完成此书。

还要深深感谢我的父母。感谢我的父母在有限的条件下，含辛茹苦地把我养大。饮水思源报亲恩，他们是我十多年求学路上的坚强后盾，正是他们无私的爱与照顾，让我能够放下所有的负担安心学习，并顺利步入职场，进一步完成梦想，他们是我不断前进的动力。

最后由于本人理论知识的有限，本书还存在许多不足之处与需要改进的地方，理论机制仍浮于表面，需要更深入探析。在实证分析中对数据需进一步发掘与更新，以准确衡量创新型城市的创新能力与功能发挥的效应。本人会一直致力于区域经济学与城市创新的研究中，在今后的教学科研工作中不断成长，不断探索，求得真学问，解的难疑惑。

马　静

2019 年 9 月